'Zigeunerbilder' in der deutschsprachigen Literatur

Wilhelm Solms / Daniel Strauß (Hrsg.)

'ZIGEUNERBILDER'

in der deutschsprachigen Literatur

Tagung in der Universität Marburg
vom 5. bis 7. Mai 1994

Schriftenreihe des Dokumentations- und Kulturzentrums
Deutscher Sinti und Roma

Herausgeber der Schriftenreihe:

Dokumentations- und Kulturzentrum Deutscher Sinti und Roma
Zwingerstraße 18
69117 Heidelberg

1. Auflage, Oktober 1995

ISBN-Nr. 3-929446-04-9

Gestaltung und Druck: SCHÜSSLER, Grafik, Satz, Druck. Heidelberg

Printed in Germany

Mit Unterstützung der Europäischen Märchengesellschaft e.V.

Inhalt

Vorwort

Im Frühjahr 1992 fand in Königsstein/Taunus ein erstes Symposium zur Erzählkunst von Sinti und Roma statt[1]. Was uns damals als ein gewagtes Experiment erschien, hat sich im Rückblick als ein tragfähiges Fundament erwiesen. Der offene, direkte und kritische Dialog zwischen Minderheit und Mehrheit über eine gemeinsame (wenngleich von Vorurteilen verstellte) kulturelle Tradition – die europäische Märchen- und Erzählkultur – ist weitergegangen und hat zu vielfältigen Aktivitäten und Einzelveranstaltungen geführt. Ob bei Einladungen von Schulen und Volkshochschulen oder im Rahmen von Bildungsseminaren und kommunalen Kulturveranstaltungen: Das Thema der Sinti/Roma-Erzählkunst war gefragt und hat ein immer größeres Publikum erreicht. Wenn es eines Beweises für diese fruchtbare Weiterentwicklung bedürfte, so könnte die vorliegende Publikation getrost als ein solcher dienen. Die in diesem Band vorgelegten Beiträge entstammen einer zweiten Fachtagung zum Thema, die unter dem Titel *Märchen der Sinti und Roma* vom 5. bis 7. Mai 1994 in Marburg stattfand, in der Aula der Alten Universität und d.h. zum ersten Mal im Kontext eines akademischen Diskurszusammenhanges - ein bemerkenswertes Novum.

Neu ist auch die Vielfalt der Kooperationspartnerschaften. Die Tagung war eine Gemeinschaftsveranstaltung der Europäischen Märchengesellschaft, der Hessischen Landeszentrale für politische Bildung sowie des Dokumentations- und Kulturzentrums Deutscher Sinti und Roma; durchgeführt in Zusammenarbeit mit der Philipps-Universität Marburg, dem Kulturamt der Stadt Marburg sowie dem hessischen Landesverband Deutscher Sinti und Roma in Darmstadt. Daß alle diese Institutionen und Einrichtungen bei der Eröffnung der Tagung hochrangig vertreten waren[2],

1 Veröffentlicht in der Schriftenreihe des Dokumentations- und Kulturzentrums Deutscher Sinti und Roma: Daniel Strauß (Hrsg.), Die Sinti/Roma-Erzählkunst im Kontext Europäischer Märchenkultur. Heidelberg 1992

2 Grußworte bei der Eröffnung der Tagung gaben: Frau Dr. Heinrichs für die Europäische Märchengesellschaft; Prof. Simon für die Philipps-Universität Marburg; Dr. Rappel für die Landeszentrale für Politische Bildung; Bürgermeister Pätzold für die Stadt Marburg und Adam Strauß für den hessischen Landesverband Deutscher Sinti und Roma in Darmstadt.

zeigt das gestiegene Interesse der Öffentlichkeit: Der Umgang der Bevölkerungsmehrheit mit der Minderheit der Sinti und Roma ist dabei, ein ganz normaler Bestandteil der Kultur unseres Landes zu werden.

Dieser erfreuliche Vorgang darf jedoch nicht den Blick für die Realitäten trüben. Nach wie vor ist das öffentliche Bewußtsein geprägt von Vorurteilen, Klischees und Stereotypen, wenn die Sprache auf Sinti und Roma kommt. Angesichts der Drohungen, Ausschreitungen und Übergriffe, insbesondere des mörderischen Anschlages im österreichischen Oberwart, muß die spezifische Feindseligkeit gegenüber Sinti und Roma deutlich beim Namen genannt werden. Wir haben es mit einem teils offenen, teil versteckten Rassismus zu tun. Das antiziganistische Stereotyp - eingeübt, erlernt und überliefert wie nur noch das antisemitische - ist hierbei der Bodensatz, aus dem die Gewalttaten erwachsen.

Stereotypen geben einfache Antworten in einer komplizierten Welt. Sie sehen ab vom Einzelfall, von der Vielfalt innerhalb einer Gruppe. Sie arbeiten mit Pauschalierungen und Verallgemeinerungen. Sie arbeiten 'Typen' heraus mit ein für alle Mal festgelegten Merkmalen. Sie wollen mit dem Gegenüber nicht in Beziehung treten, sondern das Bedürfnis nach einem klaren Feindbild befriedigen.

Die 'Typen', um die es hier geht, sind das Produkt kollektiver Phantasie und Projektion. Sie sind Bestandteil des kulturellen Erbes auch im literarischen Bereich geworden. Ja, gerade in der Literatur hat die Pflege des 'Zigeunermythos' eine lange und unselige Tradition ausgebildet. In sämtlichen Literaturgattungen wurde und wird an einem 'Typus' gefeilt, der mit der Wirklichkeit nicht zusammenzubringen ist. Ob in Märchen, Sagen, Schwänken, Volksliedern oder in der Hohen Literatur - die Texte strotzen nur so vor grotesken Klischees, die die eigenständige Erzähltradition der Sinti und Roma auf den Kopf stellen. Das heißt, die Selbstbilder werden immer wieder von Fremdbildern überlagert.

Das Problem zwischen Selbst- und Fremdbildern unterscheiden zu können, läßt sich in eine Anforderung für die Edition von Märchen und Erzählungen übersetzen. Allzu häufig werden ja bis auf den heutigen Tag Fremdfassungen statt des originären Kulturgutes von Sinti und Roma veröffentlicht; werden in Einführungen, Vor- und Nachworten, im Klappentext oder Anmerkungen ideologisch angeleitete Auffassungen über den sog. 'Volkscharakter der Zigeuner' verbreitet.

Wie kommt das ? Warum ist das Reflexionsniveau - anders als im Fall der jüdischen Minderheit - hier so erschreckend niedrig? Warum sind die Kontrollmechanismen bei Autoren, Verlegern und Lektoren so weitmaschig? Warum hat unsere Kultur kein Tabu ausgebildet, das jede diskriminierende Darstellung und offene Beleidigung der Überlebenden des Völkermords (ca. 500.000 Sinti und Roma kamen europaweit im Zuge der nationalsozialistischen Vernichtungspolitik ums Leben) verpönt? Fragen, denen auf der Tagung nachgegangen wurde, über die aber in unserer politischen Kultur immer noch viel zu wenig gestritten wird.

Natürlich kamen Sinti und Roma auf der Tagung nicht nur als handelnde Personen in Erzählungen und Märchen vor; sie waren selbstverständlich ebenso als Erzähler und Schriftsteller präsent. Dies markiert zugleich den grundlegenden Anspruch und Charakter der Tagung: daß erst der gleichberechtigte Dialog zwischen Sinti/Roma und der Mehrheitsbevölkerung die alte und schlimme Kontinuität von Vorurteilen, Desinformation, Fälschungen bis hin zu antiziganistisch geprägter Diskriminierung aufzubrechen vermag.

Das Zustandekommen dieser Tagung wäre ohne die großzügige Förderung durch die Landeszentrale für Politische Bildung in Wiesbaden nicht möglich gewesen; ihr gilt an dieser Stelle noch mal unser besonderer Dank. Zu danken ist auch dem Publikum, das so überaus zahlreich zu den verschiedenen Veranstaltungen erschienen ist. Das hier gezeigte Interesse an der Kultur einer der ältesten Minderheiten in Deutschland verstehen wir als ein Zeichen dafür, daß trotz des schlimmen Klimas von Haß und Gewalttätigkeiten in unserem Land der Weg in eine bessere Zukunft - getragen von Respekt und gegenseitiger Achtung - nicht verbaut ist.

Daniel Strauß *Wilhelm Solms*

Ines Köhler-Zülch

Die Figur des 'Zigeuners' in deutschsprachigen Sagensammlungen

I. Gattung und Interessendominanz

Wenn Menschen erzählen, so kündigen sie in den wenigsten Fällen vorher die entsprechende Gattung an. Eine Ausnahme bildet das Genre Witz: Mit "Kennst du schon den Witz über...?" beginnt so mancher, einen Witz zu erzählen. Auch beim Märchen mag es der Fall sein; Kinder betteln vor dem Einschlafen: "Erzähl mir doch noch ein Märchen". Aber die häufige, empörte Reaktion: "Das ist ja wohl ein Märchen!", d.h. das Mitgeteilte wird als freie Erfindung betrachtet, zeigt, daß die von der Wissenschaft gebrauchten Termini nur vage mit den gemeinhin im Alltag verwendeten identisch sind. Auch bei der Mitteilung von Gerüchten und Klatsch werden diese nicht als solche klassifiziert, sondern meist als Informationen z.B. über den Nachbarn oder aber auch über andere Nationalitäten weitergegeben und geglaubt. Erzähler sortieren Erzähltes nicht nach wissenschaftlichen Termini wie Zauber- oder Novellenmärchen, Sage, Legende, Schwank usw., sondern erzählen, wenn sie es überhaupt benennen, meist einfach 'Geschichten'.

Auch sog. Tsiganologen, meist keine Experten für Erzählforschung, scheinen mit den entsprechenden Fachtermini und der volkskundlichen Erzählforschung überhaupt wenig vertraut. Ein Beispiel bietet der deutsche 'Zigeunerspezialist' Hermann Arnold. Weder seien Zigeuner, wenn sie erzählten, so sagte er pauschal, "streng logisch noch fühlen sie sich an Form oder Inhalt gebunden". "Hören wir die deutsche Version eines Zigeunermärchens!", schrieb er mit Ausrufungszeichen und druckte einen Text ab. Der Leser erwartet nun ein Märchen in der Art der "Kinder- und Hausmärchen" der Brüder Grimm, Schneewittchen, Rotkäppchen oder ähnliches. Doch es folgt eine sogenannte Schatzsage: Arnolds Text handelt von einem Gespenst, das gegen Mitternacht erscheint und einen Schatz bewacht[1]. Er hatte offensichtlich keine Vorstellung davon, was nach wissenschaftlichen Konventionen als Märchen und was als Sage zu klassifizieren ist, und ebenso wenig davon, daß bei deutschen Märchen- und Sagensammlungen eine stilistische wie inhaltliche Überarbeitung vor dem Druck üblich war, und trug dadurch zu einem unzutreffenden Bild vom Erzählen der Sinti und Roma bei. Fatal und in der Wirkung nicht zu unterschätzen ist, daß solcherlei Fehlurteile durch unkritische Übernahmen multipliziert u.a. zur Kennzeichnung eines Nationalcharakters der Sinti und Roma allgemein dienten und dienen[2].

Das Genre 'Volkssage' zeigt sich im Vergleich zum 'Volksmärchen' als weitaus komplexeres Problemfeld. Inspiriert von Johann Gottfried Herders (1744-1803) Konzept einer 'Volkspoesie'[3] waren es vor allem die Brüder Jacob und Wilhelm Grimm, die 'Volksüberlieferungen' zu einem der Wissenschaft würdigen Untersuchungsobjekt machten. 1812 - vor ungefähr 180 Jahren - hatten sie bereits ihre berühmte Märchensammlung, die "Kinder- und Hausmärchen", herausgegeben, und 1816 folgte der erste Band ihrer "Deutschen Sagen". Sie definierten: "Das Märchen ist poetischer, die Sage historischer", und: das Märchen sei überall zu Hause, die Sage hingegen an einen bestimmten Ort gebunden[4]. Weitere Definitionsversuche lauten: Märchen sind länger und kunstvoller, Sagen kürzer und in einfacherem Stil erzählt; die Form der Märchen ist stabiler, die der Sagen instabiler; Märchen erzählt man zur Unterhaltung und empfindet sie als fiktiv, als erfunden, Sagen hingegen werden erzählt, um zu erklären, zu belehren, zu warnen, und sie gelten häufig als wahre Geschichten. Manche Sagen berichten über Selbsterlebtes oder stellen zumindest eine Beziehung zum Erzähler her, wie 'Mein Großvater hat das selbst erlebt' oder 'Dies hat sich in der Heimat meines

---

1 Arnold, H.: Die Zigeuner. Herkunft und Leben der Stämme Mitteleuropas. Freiburg 1965, 147-149, 149, 147 (Zitate).

2 z. B. in Czenki, S./Vekerdi, J.: Ilona Tausendschön. Zigeunermärchen und -schwänke aus Ungarn. Kassel 1980, Vorwort; vgl. die Rezension von I. Köhler-Zülch in: Fabula 23 (1982) 120-123.

3 Poltermann, A.: Herder, Johann Gottfried. In: Enzyklopädie des Märchens 6. ed. R.W. Brednich u.a. Berlin /New York 1990, 832-841.

4 Deutsche Sagen 1-2. Herausgegeben von den Brüdern Grimm. Berlin 1816/18, hier t.1, V; Brüder Grimm. Deutsche Sagen 1-2. ed. H.-J. Uther, t.3 ed. B. Kindermann-Bieri. München 1993; Brüder Grimm. Deutsche Sagen. ed. H. Rölleke. Frankfurt a.M. 1994.

Vaters ereignet'[5]. In den beiden Bänden ihrer "Deutschen Sagen" druckten die Brüder Grimm nun keineswegs nur Geschichten ab, die sich das 'Volk' erzählt hatte, die also aus der mündlichen Überlieferung aufgezeichnet worden waren. Im Gegenteil, die weitaus meisten Texte ihrer 585 Nummern entnahmen sie mittelalterlichen Dichtungen und Chroniken, der Kuriositätenliteratur und den Landesbeschreibungen des Barock oder auch Reiseberichten, sie griffen also vor allem auf die schriftliche Überlieferung vergangener Jahrhunderte zurück, dazu auf Quellen unterschiedlichster Provenienz. Im Unterschied zu Herder, für den stärker die poetische Aktualität der Volkspoesie, ein auf die Gegenwart gerichtetes Erkenntnisinteresse, im Vordergrund stand, sahen die Brüder Grimm in den Sagen vor allem Zeugnisse der Vergangenheit. Doch auch sie verstanden Sagen als Produkte der Poesie und nicht, wie es Nachfolger vereinfachend taten, als direkte Zeugnisse der Geschichte: "die Sage geht mit andern Schritten, und sieht mit andern Augen, als die Geschichte thut" schrieben sie[6]. Als Reflexionen geschichtlicher Vorgänge im Volksbewußtsein nutzten sie Sagen zur Rekonstruierung germanischer Mythologie und durch die Gleichsetzung von Volkspoesie und Nationalpoesie auch zur Stärkung eines deutschen Nationalbewußtseins. Ihre Sammlung hatte eindeutig Vorbildcharakter[7] für die seit der Mitte des 19. Jahrhunderts massenhaft einsetzende Publikation von Sagensammlungen[8], die bis heute den Buchmarkt überschwemmen, sei es in Form von Reprints oder in Form 'neuer' Sagenbücher, deren Texte Auswahlen aus diesen alten Sammlungen darstellen. Zwar zeichneten die Nachfolger immer häufiger aus der mündlichen Überlieferung auf, doch Sagen, so auch ihr vorrangiges und damit ihre Such- und Auswahlkriterien bestimmendes Interesse, sollten etwas über die Geschichte erzählen, in ihnen wurde mündlich tradiertes Wissen über weit zurückliegende Zeiträume vermutet - über die altdeutsche Geschichte, über germanische und heidnische Zeiten.

5 cf. Röhrich, L.: Sage. Stuttgart 2. Auflage 1971, 4 und passim.

6 Grimm (wie not. 4) t.2 (1818) IVf.

7 Köhler-Zülch, I.: Heinrich Pröhle: A Successor to the Brothers Grimm. In: The Reception of Grimms' Fairy Tales. ed. D. Haase. Detroit 1993, 41-58.

8 Schenda, R.: Mären von deutschen Sagen. Bemerkungen zur Produktion von "Volkserzählungen" zwischen 1850 und 1870. In: Geschichte und Gesellschaft 9 (1983) 26-48.

Abgesehen von der irrigen Annahme einer über die Jahrhunderte dauernden ungebrochenen Kontinuität der mündlichen Überlieferungs-Vermittlungsinstanzen von ursprünglich schriftlich fixiertem Bildungsgut auch für Analphabeten waren z.B. katholische Barockpredigten, in denen nicht nur über Heilige, den Teufel und Hexen, sondern auch über Riesen und Wassergeister berichtet wurde[9]; Stoffe wurden durch Vorlesen und Nacherzählen weitervermittelt[10]; Wandermarionettenspieler verbreiteten auch in abgelegenen ländlichen Gebieten und für weniger Finanzkräftige zugänglich neben populären Lese- und Theaterstoffen Märchen und Sagen (ein beliebtes Thema des Marionettentheaters war der Teufelspakt des Faust)[11]; Heimatzeitungen und Schullesebücher stellen Multiplikatoren für Sagen dar; später erlebten Sagensammler auch den feed back- Effekt, d.h. sie stießen auf Erzählungen, die offensichtlich vorangehenden Sagensammlungen entstammten -, doch abgesehen davon bietet die Textsorte Volkssage selbst Probleme.

Unter der Gattung Volkssage werden heterogene Inhalte ohne feste, eigenständige Formen subsumiert: knappe Mitteilungen wie längere Erzählungen über Erscheinungen von Gespenstern, mißglückte Schatzhebungen oder Vorankündigungen von Todesfällen. Gemeinsames Kriterium ist das Erzählen über etwas Außerordentliches, Sonderbares und Unerklärliches, das eine Deutung erfährt und zwar im Rahmen vertrauter Denkmodelle und Motivmuster, z.B. wenn eine merkwürdige schwarze Katze als Nachbarin in Hexengestalt interpretiert wird[12]. Dabei bildet in einer natürlichen Erzählsituation dieses Erzählen einen formlosen Bestandteil der Unterhaltung: Man trifft sich nicht zum

---

9 Moser-Rath, E.: Predigtmärlein der Barockzeit. Berlin 1964, 47-55; cf. auch Brückner, W. (ed.): Volkserzählung und Reformation. Ein Handbuch zur Tradierung und Funktion von Erzählstoffen und Erzählliteratur im Protestantismus. Berlin 1974.

10 Schenda, R.: Lesestoffe. In: Enzyklopädie des Märchens 8. ed. R.W.Brednich u.a. Berlin/ New York (im Druck).

11 Bernstengel, O.: Das sächsische Wandermarionettentheater zwischen 1800 und 1933. Ursprünge -Theaterkonventionen - Repertoire -Wirkungsabsichten unter besonderer Berücksichtigung der Dramatisierung und Aufführung sächsischer Sagen. Diss. Dresden 1991; Köhler-Zülch, I.: Zum Puppenspiel: Der "Gestiefelte Kater" auf der Bühne sächsischer Wandermarionettentheater.In: Hören Sagen Lesen Lernen. Festschrift für R. Schenda. Bern u.a. 1995, 359-393; Küpper, G.: Aktualität im Puppenspiel. Eine stoff- und motivgeschichtliche Untersuchung. Emsdetten 1966.

12 Bausinger, H.: Formen der "Volkspoesie". Berlin 1968, 170-185.

Sagenerzählen, sondern Sagen fließen in das allgemeine Gespräch ein und sind von Distanzierungen, Beglaubigungen, weiteren Erklärungen oder sonstigen Erörterungen des Erzählers oder der Zuhörer umgeben. Etwas anderes ist es mit Volkssagen, wie sie in den publizierten Sammlungen erscheinen. Hatten die Brüder Grimm ihre Sagen aus schriftlichen Kontexten herausgenommen, z.B. eine ausschweifende Verserzählung auf einen kurzen Prosatext reduziert, so greifen auch die aus der mündlichen Überlieferung aufzeichnenden Sammler das ihnen als Kern Erscheinende aus dem Kommunikationszusammenhang heraus. Meist jedoch erlebten sie gar keine Erzählsituation, sondern sammelten das Material durch gezieltes Abfragen einzelner Gewährsleute, schrieben das Mitgeteilte in Stichworten auf und formten es für die Publikation zu einer Geschichte aus. Sammler und Herausgeber bestimmten durch ihre Intentionen, die eine Ausblendung von tatsächlicher Erzählrealität zur Folge hatten, also nicht nur entscheidend den Inhalt der Sammlungen, sondern darüber hinaus auch die Textgestalt der jeweiligen Sagen[13].

Das besonders seit der Mitte des 19. Jahrhunderts stark ansteigende Interesse an Sagensammlungen insgesamt, dieser um 1800 regelrecht neu erfundenen Buchgattung, ist nicht nur aus einer Wißbegierde nach den seltsamen Erzählstoffen zu erklären, sondern es dokumentiert auch eine national gestimmte Erwartung vor allem bürgerlicher Schichten, die nach der gescheiterten 1848er Revolution durch Sagen ihr vaterländisches Bewußtsein gestärkt sahen[14]. Die Sagensammlungen waren national oder regional ausgerichtet. So trägt die Grimmsche Sammlung den Titel "Deutsche Sagen"; es folgten Sammlungen, die sich auf verschiedene Gebiete spezialisierten, z.B. Sachsen, Baden, den Böhmerwald, Schlesien oder Ober- und Niederösterreich. Bücher mit dem Titel "Zigeunersagen" oder "Sagen der Sinti und Roma", die diesen angeführten Sammlungen vergleichbar gesammelt und herausgegeben wurden, existieren hingegen für das deutsche Sprachgebiet nicht.

---

13 Zur Ausbildung eines regelrechten 'Sagenstils' durch die Sammler vgl. Köhler-Zülch (wie not. 7) 47f.

14 Gerndt, H.: Volkssagen. Über den Wandel ihrer zeichenhaften Bedeutung vom 18. Jahrhundert bis heute. In: Volkskultur und Moderne. ed. U. Jeggle u.a. Reinbek 1986, 397-409.

Dagegen gibt es eine Reihe von Ätiologien, Erklärungssagen, die Roma zugeschrieben werden, z.B.: Die 'Zigeuner' würden erzählen, daß sie deswegen zu ewiger Wanderschaft verflucht seien, da sie der Heiligen Familie auf der Flucht nach Ägypten keine Nachtherberge gegeben hätten. Diese Geschichte wurde jedoch nicht von den Roma erfunden, sondern anläßlich ihrer Ankunft in Mitteleuropa im 15. Jahrhundert von gelehrten Klerikern in die Welt gesetzt[15]. Es handelt sich zwar um eine Erklärungssage, jedoch von Nicht-Roma, die sich ihrerseits Erklärungsmuster für Herkunft und Wesen der Fremden zurechtlegten. Offensichtlich bestand danach ein starkes Bedürfnis, denn die Geschichte wurde kontinuierlich über die Jahrhunderte hinweg bis heute von Nicht-Roma tradiert, und zwar nicht in der mündlichen Überlieferung, sondern in Büchern über 'Zigeuner'. Sie überstand auch einen Wechsel in der Funktion: Sollte sie ursprünglich das Nomadentum erklären, so wurde sie, als feststand, daß die Roma nicht aus Ägypten, sondern aus Indien gekommen und zur Zeit der Flucht der Heiligen Familie weder in Palästina noch in Ägypten gewesen waren, einfach zu einem Demonstrationsbeispiel der Lügenhaftigkeit der Roma umfunktioniert. Es handelte sich hier um eine Geschichte aus der Perspektive von Intellektuellen der Außengesellschaft, die dem jeweiligen Wissensstand angepaßt wurde. Sie wurde variiert und bei Bedarf der Mehrheitsbevölkerung aktualisiert. Von entscheidender Bedeutung für die Interpretation jedes Textes ist die Kenntnis darüber, wem er zu verdanken ist. Eine Interessendominanz ist jeder menschlichen Kommunikation eigen: Jeder erzählt aus seinem Blickwinkel das, was für ihn von Wichtigkeit ist. Im folgenden gebe ich einen Überblick über die Gestalt des 'Zigeuners', wie sie in Sagensammlungen, die aus dem deutschen Sprachgebiet stammen, dargestellt wird. Es sind Geschichten, die eindeutig aus der Perspektive von Nicht-Roma stammen.

15 Köhler-Zülch, I.: Die Heilige Familie in Ägypten, die verweigerte Herberge und andere Geschichten von 'Zigeunern': Selbstäußerungen oder Außenbilder? In: Die Sinti/Roma-Erzählkunst im Kontext Europäischer Märchenkultur. ed. D. Strauß. Heidelberg 1992, 35-84, hier 38-55.

II. Aus Sammlungen des 19. Jahrhunderts - ein Überblick

Zunächst ist als aufschlußreiches Phänomen die marginale Rolle, die 'Zigeuner' in den deutschsprachigen Sagensammlungen des 19. Jahrhunderts spielen, festzuhalten: Unter der großen Masse gedruckter Sagentexte finden sich nur sehr wenige Geschichten, in denen von 'Zigeunern' überhaupt die Rede ist. So bietet z.B. die 1891 erschienene zweite Auflage von Christian Ludwig Wuckes Sammlung "Sagen der mittleren Werra, der angrenzenden Abhänge des Thüringer Waldes [...] sowie aus dem Gebiete der fränkischen Saale" 833 Textnummern, unter denen sich aber lediglich 7 Texte befinden, in denen 'Zigeuner' eine Rolle spielen, in weiteren vier werden sie peripher erwähnt[16]. Johann August Köhlers Sammlung "Volksbrauch, Aberglauben, Sagen und andre alte Ueberlieferungen im Voigtlande [...]" aus dem Jahr 1867 umfaßt 348 Nummern: Nur in vier Texten kommen 'Zigeuner' vor[17]. Anton Birlinger nahm 1874 in seine schwäbische Sammlung 401 Sagennummern auf, unter denen allein drei Texte von 'Zigeunern' handeln[18]. Die Beispiele ließen sich vermehren. Ob dieses positiv oder negativ zu bewerten ist, sei erst einmal dahingestellt. Doch ist der Fakt zu konstatieren, daß Sinti und Roma in den Sagensammlungen kaum präsent sind. Zur Erklärung dieses Phänomens ist der schon angesprochene Vorbildcharakter der Grimmschen "Deutschen Sagen" anzuführen, deren Wirkung sich durch die 1835 und bereits 1844 in zweiter Auflage erschienene "Deutsche Mythologie" Jacob Grimms potenzierte. So schrieb Johann Georg Theodor Grässe 1855 im Vorwort zur ersten Auflage seiner Sammlung "Der Sagenschatz des Königreichs Sachsen", Jacob Grimm habe durch die "Deutsche Mythologie" den Beweis erbracht, daß ohne eine möglichst vollständige Zusammenstellung von

16 Wucke, C. L.: Sagen der mittleren Werra, der angrenzenden Abhänge des Thüringer Waldes, der Vorder- und der Hohen Rhön, sowie aus dem Gebiete der fränkischen Saale. ed. H. Ullrich. Zweite, sehr vermehrte Auflage. Eisenach 1891, num. 3, 143, *318, 434, 187, 714, *718, ferner num. 558, 268, *386, 455 (Sagen der mittleren Werra nebst den angrenzenden Abhängen des Thüringer Waldes und der Rhön. Salzungen 1864).

17 Köhler, J.A.E.: Volksbrauch, Aberglauben, Sagen und andre alte Ueberlieferungen im Voigtlande, mit Berücksichtigung des Orlagau's und des Pleißnerlandes. Leipzig 1867, num. 163, 164, 166, 167.

18 Birlinger, A.: Aus Schwaben. t. 1: Sagen, Legenden, Volksaberglauben. Wiesbaden 1874, num. 133, 277, 359.

Lokalsagen ein vollständiges System der altgermanischen Religion nicht aufzustellen sei. Grässe sah Sagen als wissenschaftlich wertvoll für Altertumsforscher und Historiker an, da "jeder Sage ein wirkliches Factum" zugrunde läge, und für moralisch wertvoll, da sie "unbezweifelt als Nährerin und Pflegerin der Vaterlandsliebe" zu betrachten sei[19]. Sagen wurden nun auch als historisches Quellenmaterial genutzt[20]. Offensichtlich erschienen den Sagensammlern des 19. Jahrhunderts, die auf der Spurensuche nach den Resten des deutschen Altertums waren, Geschichten über 'Zigeuner' weder zur Stärkung der Vaterlandsliebe noch als Zeugnisse für die Geschichte geeignet, denn 'Zigeuner' waren als Fremde erst zu Anfang des 15. Jahrhunderts nach Mitteleuropa gekommen, und sie wollten Informationen über das eigene Volk aus weit davor liegenden Zeiten finden.

Hinzuweisen ist auf ein weiteres, hiermit in Zusammenhang stehendes Phänomen: Die relativ wenigen vorhandenen Texte, in denen 'Zigeuner' vorkommen, sind darüber hinaus schwer auffindbar. Zwei Faktoren sind dafür verantwortlich: 1) Existieren in den Sagensammlungen Sachregister, so findet sich darin selten das Stichwort 'Zigeuner', und 2) geht man im Inhaltsverzeichnis die vielen Hunderte von Sagentiteln durch, mit denen die Herausgeber ihre Texte versahen, so ist festzustellen, daß 'Zigeuner' in den Titeln oft nicht erscheinen, auch wenn sie in den betreffenden Texten eine Rolle spielen. Legte man also der quantitativen Analyse nur das Inhaltsverzeichnis zugrunde, so würde sich z.B. sowohl für die Sammlung Köhlers als auch die Birlingers ergeben, daß 'Zigeuner' überhaupt nicht berücksichtigt seien. Die vier relevanten Texte bei Köhler finden sich unter den Überschriften "Feuersegen in Gera", "Feuersegen in Reichenbach", "Feuersegen in Schönbach" und "Orte, wo keine Sperlinge vorkommen", und bei Birlinger sind sie unter den Titeln "Zauber mit Menschenknöcheln", "Das Tannenfräulein bei Nuspingen" und "Drei Köpfe" geradezu versteckt. In der ebenfalls bereits angeführten Sammlung Wuckes erscheinen bei vier Überschriften 'Zigeuner' im Titel, z.B. "Legende vom Ursprung der geheimen Kunst

19 Gräße, J.G.T.: Der Sagenschatz des Königreichs Sachsen. Zweite verbesserte und sehr vermehrte Auflage (Dresden 1874).Fotomechanischer Neudruck Leipzig 1980, III.

20 Deneke, B.: Sage und Geschichte im 19. Jahrhundert. In: Jahrbuch für Volkskunde N.F. 11 (1988) 67-82.

der Zigeuner"[21] oder "Vom Zigeunerfeuer zu Steinbach", doch die übrigen Texte tragen Titel wie "Von Barchfeld und der Barchfelder Brücke", "Die weiße Frau am Brettenbach bei Weilar" oder "Wie der Kreiser zu Kaltenlengsfeld mit der Hexe fertig wird". In der letzten Sage[22] fragt ein Mann, der meint, seinem Vater seien von einer Hexe Läuse angezaubert worden, eine 'Zigeunerin' um Rat und nutzt diesen mit Erfolg: Die Läuse werden vertrieben. Dieser Fall zeigt vor allem, daß die Geschichte aus der Perspektive des Mannes erzählt ist: Nicht die 'Zigeunerin' mit ihren Ratschlägen kommt zu Wort, sondern der Mann bei seinem detailliert beschriebenen, die Ratschläge der 'Zigeunerin' befolgenden Vorgehen gegen die Hexe. Abgesehen davon, daß nicht zu überprüfen ist, inwieweit der Herausgeber den Text in dieser Form gestaltete, hätte er dieser Geschichte durchaus z.B. die Überschrift 'Zigeunerin hilft gegen Hexe' geben können. Deutlicher lassen sich die Intentionen des Herausgebers bei der Titelformulierung "Von Barchfeld und der Barchfelder Brücke"[23] erkennen: Hier sagt eine 'Zigeunerin' den Untergang des türkischen Heeres voraus. Denkbar wäre ein Titel wie "Weissagung der Zigeunerin" gewesen, doch offensichtlich stand das lokale Bauwerk, die Sage als ein Beitrag zur Ortschronik, im Vordergrund des Interesses. Der erwähnte Grässe, ein überaus vielseitiger Wissenschaftler, Direktor des Grünen Gewölbes in Dresden und ein durchaus repräsentativer Vertreter der Geistesströmungen seiner Zeit, liefert geradezu ein Paradebeispiel für die beobachtete Tendenz: In seiner aus schriftlichen Quellen kompilierten Sammlung führte er im Sachregister unter dem Buchstaben Z neben den Stichworten "Zauberer" und "Zwerge" mit drei Stellenbelegen "Zauberbuch" und mit einem Stellenbeleg "Zauberpferd" an, doch nicht 'Zigeuner', und unter den 1000 Titeln seiner Sammlung erscheint kein einziges Mal dieses Wort, doch finden sich 'Zigeuner' als Handlungsträger in Texten mit den Überschriften wie "Sage vom Feuersegen in Schönberg", "Der Feuersegen zu Budissin" oder "Warum zu

21 Geschichte über einen gestohlenen Nagel durch 'Zigeuner' bei der Kreuzigung Jesu, vgl. Köhler-Zülch, I.: Die Geschichte der Kreuznägel: Version und Gegenversion. Überlegungen zu Roma-Varianten. In: Telling Reality. Folklore Studies in Memory of Bengt Holbek. ed. M. Chesnutt. Copenhagen/Turku 1993, 219-234.

22 Wucke (wie not. 16) num. 714, übernommen durch Quensel, P.: Thüringer Sagen. Jena 1926, 268.

23 Wucke (wie not. 16) num. 187.

Sora bei Bautzen keine Sperlinge sind"[24]. Die Orte Schönberg, Budissin und Sora standen im Mittelpunkt des Interesses - Sagen im Dienst der Heimatgeschichte und -liebe.

Für die deutschsprachigen Sagensammlungen des 19. Jahrhunderts läßt sich generell die Tendenz feststellen, daß die Herausgeber nicht nur bei der Textauswahl, sondern auch bei der Gestaltung ihrer Sammlungen, wie es Registereinträge und Titelgebungen zeigen, kein Interesse für Sinti und Roma erkennen lassen. Die Sagensammlungen sind nicht als Zeugnisse dafür zu werten, daß es im vorigen Jahrhundert in den entsprechenden Regionen keine Sinti oder Roma gegeben hätte und daß nichts über sie erzählt worden wäre, sie geben vielmehr Aufschluß über die Sammler und Herausgeber, über ihre Interessen und Intentionen.

Der folgenden Übersicht über das Erscheinungsbild von 'Zigeunern' in den Sagensammlungen ist vorauszuschicken, daß wie bei Sagen allgemein so auch bei Berichten über Sinti und Roma sich die Geschichten in verschiedenen Sammlungen öfters wiederholen. Zum einen ist dafür die Tatsache verantwortlich, daß alte Sammlungen komplett nachgedruckt oder für Neuzusammenstellungen ausgeschöpft wurden, zum anderen jedoch handelt es sich um Wandersagen, d.h. dieselben Geschichten sind in einer anderen Region jeweils mit einem anderen Ort verbunden.

Fast ausschließlich, das ist pauschal festzustellen, erscheinen in den Sagensammlungen 'Zigeuner' im Zusammenhang mit dem Bereich der Magie. Wenn von 'Zigeunern' erzählt wird, dann vor allem im Kontext ihrer angeblichen magischen Fähigkeiten. Am häufigsten wird von einer zauberischen Gewalt der 'Zigeuner' über das Feuer und ihrer Fähigkeit, Häuser feuerfest zu machen, also vor zukünftigen Bränden zu bewahren, berichtet, wie z.B. in einem 1885 gedruckten Text, der die Geschichte im Spessart lokalisiert[25]:

"Zu Mechenhard hielten sich vor vielen Jahren mehrere Zigeuner-Familien auf. Sie vertrugen sich gut mit den Bauern und diese hatten ihnen deshalb gestattet, daß sie ihre Wohnung in einer Scheuer aufschlugen. Als aber die Ernte gekommen war und die Scheuer mit Heu und Getrei-

24 Gräße (wie not. 19) num. 712, 765, 810.

25 Herrlein, A. von: Die Sagen des Spessarts. Zweite vermehrte Auflage Aschaffenburg 1885,295f., num. 14.

de gefüllt wurde, wollte es den Mechenhardern doch nicht gefallen, daß die Zigeuner mitten unter den leicht brennbaren Stoffen Feuer anschürten, um sich ihre Mahlzeiten zu bereiten. Die Zigeuner nahmen dieses wahr und führten deshalb die Mechenharder in die Scheuer. Dort hatten sie ein großes Feuer angezündet, das an dem Heu und Stroh hinauf flammte, ohne es in Brand zu setzen. Die Mechenharder waren nun beruhigt und störten die Zigeuner nicht weiter. Die Zigeuner aber waren dankbar und feiten das Dorf Mechenhard, daß dort so lange kein Brand auskommen kann, als man der Sage Beachtung schenkt."

Ähnliche Geschichten von der Macht der 'Zigeuner' über das Feuer sind in zahlreichen Sagensammlungen aus verschiedenen Regionen überliefert, z.B. aus Schlesien, Norddeutschland, Baden, dem Voigtland, dem Schwarzwald, Sachsen, Hessen, Westfalen, den Niederlanden, aus der Schweiz und Österreich; aus Böhmen liegen deutsch- und tschechischsprachige Belege vor[26].

Interessanterweise berichtet eine Reihe von Texten, wie 'Zigeuner', d.h. fast ausschließlich 'Zigeunerinnen', aktiv bei der Bekämpfung von Schadenzauber helfen. Sie wissen angeblich Mittel, um Hexen zu erkennen, und können sie zum Einstellen ihrer schädlichen Aktivitäten zwingen. 'Zigeunerinnen' bieten sich an oder werden direkt als Kundige gefragt. Sie geben nicht nur Rat, auf welche Weise man sich, wie bereits erwähnt, der von einer Hexe boshaft angezauberten Läuse entledigt[27], sondern sind auch hilfreich, wenn Vieh verzaubert ist[28], entlarven Milchzauber[29] oder nennen allgemein Mittel, um Unglück abzuwenden. 'Zigeunerinnen' sollen von Hexen verursachte Krankheiten heilen können: Sie erlösen Erwachsene und Kinder vom Trud, vom Alpdrücken, und entlarven die Verursacherin[30]. Ja, sie wissen auch Mittel, um gegen Vampire vorzugehen[31], und werden singulär

---

26 Belege angeführt bei Köhler, I.: Feuersegen der Zigeuner. In: Enzyklopädie des Märchens 4. ed. K. Ranke u.a. Berlin/New York 1984, 1093-1099.

27 Wucke 1891 (wie not. 16) num. 714.

28 Schulenburg, W. von: Wendische Volkssagen und Gebräuche aus dem Spreewald. Leipzig 1880, 164f.

29 Zaunert, P.: Westfälische Sagen. Jena 1927, 267.

30 Leoprechting, K. Freiherr von: Aus dem Lechrain. Zur deutschen Sitten- und Sagenkunde. München 1855, 38 sq.

31 Knoop, O.: Sagen und Erzählungen aus der Provinz Posen. Posen 1893, 138, num. 2.

für fähig gehalten, Drachen zu vertreiben[32]. Weitere Texte berichten, wie 'Zigeuner' durch ihr magisches Wissen Sperlinge[33], die bei der Getreideernte lästig wurden, oder Frösche[34], die durch ihr Quaken störten, verbannten. Diese sehr positiv anmutende Beschreibung der 'Zigeuner' ist aber nur eine Seite der Medaille, denn es ist an die Vorstellung zu erinnern: Wer heilen kann, der kann auch schaden. Personen, denen übernatürliche Kräfte zum Guten zugetraut werden, denen wird auch die Fähigkeit unterstellt, Böses verursachen zu können und manchmal auch umgekehrt. Diese Ambivalenz veranschaulicht eine Sage über Zauberei mit Ameisen, die von einer 'Zigeunerin' als Schadensverursacherin und einer anderen als Schadensbeheberin erzählt[35]:

"Vor mehreren Jahren kam eines Tages eine Zigeunerin zu einer polnischen Bäuerin in Kaziopole bei Rogasen und bettelte. Die Frau wollte ihr nichts geben, und deshalb begann die Zigeunerin auf sie zu schimpfen und sie zu verwünschen. Dabei spuckte sie in eine Ecke des Zimmers. Noch am Abend desselben Tages bemerkte die Hausfrau in dieser Ecke der Stube einen Haufen Ameisen, die vorher nicht dagewesen waren, und sie konnte sich seitdem nicht von der Plage befreien. Nach längerer Zeit sprach wieder eine Zigeunerin bei ihr vor. Diese beschenkte sie reichlich und bat sie dann, ihr doch zu sagen, was sie gegen die Ameisen tun solle. Die Zigeunerin fragte nun, ob vielleicht einmal eine Zigeunerin in die Ecke des Zimmers gespuckt habe, und die Frau erzählte, was sie wußte. Da fing die Zigeunerin eine Ameise und nahm sie mit sich. Am folgenden Tage fand die Frau keine einzige Ameise mehr im Zimmer vor, und sie blieb auch später von der Plage befreit."

---

32 Bartsch, K.: Sagen, Märchen und Gebräuche aus Meklenburg 1. Wien 1879, num. 336 (14).

33 Als Beispiel für den Weg einer Geschichte durch die Sagensammlungen gebe ich hier stellvertretend für die anderen Textbeispiele in chronologischer Reihung verschiedene Veröffentlichungen an: Gräße (wie not. 19) num. 810 (Sora); Haupt, K.: Sagenbuch der Lausitz 1. Leipzig 1862, num. 246a (Sorah); Meiche, A.: Sagenbuch des Königreichs Sachsen. Leipzig 1903, num. 732 (Sohra); Kühnau, R.: Schlesische Sagen. 3: Zauber-, Wunder- und Schatzsagen. Leipzig/Berlin 1913, num. 1658 (Sorah), 1660 (Neugericht); Sieber, F.: Sächsische Sagen. Von Wittenberg bis Leitmeritz. Jena 1926, 250 (Sohra).

34 Eisel, R.: Sagenbuch des Voigtlandes. Gera 1871, num. 580; Meiche (wie not. 33) num. 733

35 Knoop, O.: Sagen der Provinz Posen. Berlin-Friedenau 1913, num. 254.

Verwünschungen und Drohungen finden sich in den Sagensammlungen häufig thematisiert: Wenn 'Zigeuner' beim Betteln oder Bitten um eine Unterkunft abgewiesen oder sogar mißhandelt werden, so verfluchen sie der Sage nach mit Erfolg die abweisende Person oder den Ort. So sollte im Schloß zu Großhartau bei Bischofswerda eine ehemalige Schlangenplage vom Fluch einer 'Zigeunerin' rühren, die ein früherer Gutsherr mit der Reitpeitsche geschlagen hatte[36]. Hartherzige Burgfrauen werden verwünscht, 12 Kinder auf einmal zu bekommen. Städte sollen verarmen, ein Brand soll ausbrechen, Vieh soll sterben, der Blitz die Abweisende erschlagen. Wenn man 'Zigeunern' nichts gäbe, so ließen sie die Obstbäume verfaulen, wird in einer schlesischen Sage kolportiert[37]. Manchmal wird auch von der besonderen Grausamkeit berichtet, mit der 'Zigeuner' behandelt wurden und die zum Fluch führte. So wird nach einer schlesischen Sage eine 'Zigeunerin' mit ihrem Kind auf dem Arm von einem Bauern wegen des Diebstahls von einem Stück Schinken mißhandelt und unbarmherzig geschlagen."Da hebt sie drohend den Finger und sagt: 'Du wirst noch an mich denken dafür, daß du mich und mein Kind so behandelt hast'. Und nicht lange, da wurden ihre Worte wahr, der Mann, ein roher Mensch von Haus aus, soff und soff und wurde schließlich irre"[38]. Eine schwäbische Sage erzählt, wie eine 'Zigeunerin', die von einem Bauern geschlagen wurde - sie hatte der Bäuerin gesagt, daß ihr Mann sie mit der Magd betrüge -, aus Rache Hagel herbeizaubert[39].

Dieser Wetterzauber und singulär erwähnter Liebeszauber wie auch die zuvor genannten Schadenzaubereien und Praktiken zur Abhilfe werden nicht allein 'Zigeunern' und 'Zigeunerinnen' zugeschrieben. Handelt es sich um Schadenzauber, also um schwarze Magie, so werden vor allem Hexen dafür verantwortlich gemacht, über deren Untaten eine Fülle von Sagen berichtet. Eindeutig sind hier die jahrhundertelang tradierten und durch die Hexenverfolgungen und -prozesse stabilisierten Vorstellungen über Hexen auf 'Zigeunerinnen' übertragen worden. Ob nun bei abnehmender Hexengläubigkeit verstärkt der 'Zigeunerin'

---

36 Sieber (wie not. 33) 194 (nach Kantor B. Störzner, vgl. Meiche [wie not. 33] num. 724).

37 Kühnau (wie not. 33) num. 1567 (1).

38 Kühnau (wie not. 33) num. 1567(3).

39 Meier, E.: Deutsche Sagen, Sitten und Gebräuche aus Schwaben 1. Stuttgart 1852, num. 212.

hexenähnliche Fähigkeiten zugeschrieben wurden, ist eine Hypothese, die sich anbietet, die aber nur durch eine genaue Textgeschichte der einzelnen Sagentypen verifiziert werden kann[40]. Es ist in diesem Zusammenhang hervorzuheben, daß Hexen den kirchlich geprägten Vorstellungen zufolge ihre übernatürlichen Fähigkeiten der Buhlschaft mit dem Teufel verdanken, während von 'Zigeunerinnen' solches nicht behauptet wird. Infolgedessen zeigt das Bild der 'Zigeunerin' eine Ambivalenz, die dem Hexenbild fehlt: Eine Hexe ist dem Teufel untertan und tut nur Böses. Sie löst keinen Schadenzauber, sondern verursacht ihn, sie schadet nur, während der 'Zigeunerin' sowohl das eine wie das andere nachgesagt wird. Die Befähigung zur schwarzen wie zur weißen Magie zu guten Zwecken wird in Sagen nicht nur 'Zigeunerinnen' und 'Zigeunern' zugeschrieben, sondern sehr viel häufiger Menschen mit übernatürlichen Fähigkeiten aus der Mehrheitsbevölkerung wie Zaubermeistern, Schwarzkünstlern, Tierbeschwörern und -bannern, unter denen die Berufsgruppen der Schäfer, Schmiede und Jäger einen wichtigen Platz einnehmen. Daß die geschilderten magischen Fähigkeiten der 'Zigeuner' keine spezifischen 'Zigeunerkünste' darstellen, sondern allgemeinen Volksglaubensvorstellungen über Zauberei entsprechen, veranschaulichen die in den Sagen genannten Zauberpraktiken und -mittel, die eben auch für von 'Zigeunern' unabhängige Zauberei eine Rolle spielen: zur Abwehr von Läusen solche in den Gewehrlauf tun[41], Milch aus der Ferne abmelken[42], Milch kochen und mit Birkenrute schlagen, um Hexe zu erkennen[43] oder Knochen zum Zaubern aus einem Grab entnehmen[44]. Die Zugehörigkeit von 'Zigeunern' zur Gruppe zauberkundiger Personen kommt auch in Sagen zum Ausdruck, in denen entweder Schwarzkünstler ihre Kunst von 'Zigeunern' lernen oder aber Schwarzkünstler 'Zigeuner' im Zaubern übertreffen.

---

40 Für die These scheint auch ein nach Mitte des 18. Jahrhunderts gestaltetes Relief in einer Wallfahrtskirche in der Steiermark zu sprechen, das eine Art Hexe auf einer großen Katze reitend darstellt, die u.a. in einem Kirchenführer von 1984 als 'Zigeunerin', die einen Soldaten verfluchte, interpretiert wird, vgl. Kretzenbacher, L.: Der "Hexenritt" auf dem Kanzelrelief in Maria Trost. Legende und Bild um den Rachefluch der beim Tanz verschmähten Zigeunerin. In: Blätter für Heimatkunde. ed. Historischer Verein für Steiermark 69 (1995) 56-63.

41 Wucke 1891 (wie not. 16) num. 714.

42 Jungbauer, G.: Böhmerwald-Sagen. Jena 1924, 209.

43 Zaunert (wie not.29).

44 Birlinger (wie not. 18) num. 133.

Eine weitere Gruppe von Sagentexten erzählt von der wiederum vor allem 'Zigeunerinnen' zugeschriebenen Fähigkeit, Zukünftiges vorauszusagen. Ein 'Zigeuner' sagt voraus, wo eine Kirche gebaut werde[45]; 'Zigeunerinnen' prophezeien einen Brand[46], sagen den Tod eines gottlosen Adligen voraus[47] und wissen, wann die Türken geschlagen werden[48] oder wann Napoleon eine Niederlage erleidet[49]. Zur Bekräftigung der Wahrheit, so wird mehrmals angeführt, sagen sie demjenigen, dem sie die Prophezeiung mitteilen, wieviel Geld er in der Tasche habe: Dem Stadtwächter, dem eine 'Zigeunerin' in Karlsruhe große Trauer für die Stadt prophezeit und der daran zweifelt, sagt sie, es sei so wahr, wie er 9 Kreuzer bei sich habe[50]; eine Brandvoraussage bekräftigt eine andere 'Zigeunerin' in gleicher Weise - es sei so wahr, wie er, der Landrichter, 36 Kreuzer in der Tasche habe[51]. Eine modernere Variante stellt der Bericht über die Voraussage, wann der I. Weltkrieg zu Ende gehe, in einer schlesischen Monatsschrift aus dem Jahr 1916 dar, den Richard Kühnau in seine Sagensammlung aufnahm[52]:

Eine Zigeunerin "war in der Straßenbahn, da ist eine Dame von ihr fortgerückt, und hat die Zigeunerin zu ihr gesagt: 'Du bist auch nicht mehr als ich; denn Du hast bloß 20 Pfennig in der Tasche'. Da ist die Dame rot geworden und hat nichts gesagt. Da ist der Schaffner aufmerksam geworden und hat zu der Zigeunerin gesagt: 'Wenn Du weißt, wieviel Geld die Dame in der Tasche hat, so weißt Du gewiß auch, wie viel Geld ich heute schon eingenommen habe.' Darauf hat die Zigeunerin eine Geldsumme genannt, und der Schaffner hat nachgezählt und es hat gestimmt. Da spricht der Schaffner: 'Wenn du das

45 Kühnau (wie not. 33) num. 1889.

46 Baader, B.: Neugesammelte Volkssagen aus dem Lande Baden und den angrenzenden Gegenden. Karlsruhe 1859, num. 153.

47 Knoop, O.: Volkssagen, Erzählungen, Aberglauben, Gebräuche und Märchen aus dem östlichen Hinterpommern. Posen 1885, 98 (num. 206).

48 Wucke 1891 (wie not. 16) num. 187.

49 Mailly, A.: Niederösterreichische Sagen. Leipzig-Gohlis 1926, num. 201.

50 Baader 1859 (wie not. 46) num. 117.

51 Baader 1859 (wie not. 46).

52 Kühnau, R.: Oberschlesische Sagen geschichtlicher Art. Breslau 1926, num. 478; cf. auch eine Variante aus Oberhessen in Hellwig, A.: Weltkrieg und Aberglaube. Leipzig 1916, 128f. ('Zigeunerin' weissagt: Ende des 1. Weltkrieges sei am 26. September, Bauer habe 26 Pfennig in der Tasche).

gewußt hast, so weißt du gewiß auch, wann der Krieg zu Ende ist.' Da sagte die Zigeunerin: 'Am 28. April'! Jetzt sind alle auf den 28. April neugierig".

Dieser nach seiner Struktur als "Doppelte Prophezeiung" benannte Sagentyp ist auch in Ausformungen verbreitet, die sich auf ein anderes politisches Ereignis beziehen, von einer anderen Bestätigung als der genauen Angabe einer Geldsumme erzählen und in denen die Weissager keine 'Zigeuner' sind[53]. Geht es darum, eine Geldsumme anzugeben, scheint die hellsehende Person fast stets als 'Zigeunerin' bezeichnet zu werden. Doch berichtet eine Variante aus der rätoromanischen Schweiz von einer Bauersfrau in der Eisenbahn von Sierre nach Montana, die den Passagieren genau hätte sagen können, wieviel Geld sie in ihren Portmonnaies hatten, und die danach das Ende des 2. Weltkriegs für den Monat Juni 1941 voraussagte[54]. Dieselbe Struktur zeigt eine Sage aus Schleswig-Holstein, in der ein 'Zigeuner' prophezeit: So gewiß wie sein Sarg mit dem Leiterwagen niederbrechen werde, so gewiß werde ein Brand ausbrechen[55].

Wiederum ist wie bei den Sagen über Zauberei die angebliche Fähigkeit, Zukünftiges zu prophezeien, nicht auf 'Zigeuner' beschränkt. Zum einen ist von Menschen die Rede, die oft - weil sie Sonntagskinder sind oder zu einer bestimmten Stunde geboren wurden -, über die besondere Gabe verfügen, in die Zukunft zu sehen. Zum anderen ist in eher negativer Konnotation von manchen zu lesen, daß sie sich bestimmte Mittel beschaffen, um mit deren Hilfe etwas über die Zukunft zu erfahren. Nicht jeder der Mehrheitsbevölkerung gilt in den Sagen als Zauberer oder Hellseher, es handelt sich um einzelne, während für die Minderheit der Vorstellung Vorschub geleistet wird, alle 'Zigeuner' verfügten über magische Fähigkeiten, da nur zwischen 'Zigeunerin' und 'Zigeuner' unterschieden wird.

Nicht von den Motiven, sondern von der Funktion her läßt sich eine weitere Sagengruppe erkennen, in der von 'Zigeunern' erzählt wird, und zwar ätiologische Sagen, auch Ursprungs- und Erklärungssagen

53 Klintberg, B. af: Die doppelte Prophezeiung. In: Dona Folcloristica. Festgabe für L. Röhrich zu seiner Emeritierung. Frankfurt a.M. u.a. 1990, 113-125.

54 Schweizer, W.: Die Friedensprophezeiung des Kindes. In: Schweizerisches Archiv für Volkskunde 40 (1942/44) 49-60, hier 57f. (not. 5).

55 Meyer, G.H.: Schleswig-Holsteinische Sagen. Jena 1929, 241.

genannt. In diesen Sagen werden Orts- wie Personennamen oder auch Brauchhandlungen gedeutet. Unter ihnen findet sich eine Reihe von mit 'Zigeunern' verbundenen Beispielen: Zigeunerbuche heiße eine Buche, bei der 'Zigeuner' ständig ihren Lagerplatz gehabt hätten[56], oder Handeiche sei deshalb der Name einer Eiche, weil dort dem Förster, nachdem er alle Zigeuner einer Gruppe erschossen hatte, vom letzten die Hand abgeschlagen worden sei[57]. Der Name des Geschlechts von Borken führe sich darauf zurück, daß der Rittersohn von 'Zigeunern' vor seinen Feinden in einer Borke versteckt und dadurch gerettet worden wäre[58]. Eine Brauchhandlung wird mittels des bereits angeführten Beispiels der doppelten Prophezeiung erklärt: Der Pastor müsse in Weddingstedt und Ostrohe für vier Schilling Honorar jeden Sonntag ein besonderes Gebet gegen Feuerbrunst sprechen, da ein Zigeuner vor seinem Tod gesagt habe: So gewiß wie mein Sarg mit dem Leiterwagen niederbrechen wird, so gewiß werden Weddingstedt und Ostrohe durch Feuer untergehen. Obwohl man den stärksten Wagen genommen hatte, brach er[59], usw. Schließlich sei ein Beispiel mit dem Namen Tatern angeführt, unter dem (ähnlich wie unter der Bezeichnung Heiden) in Sagensammlungen öfters Sinti und Roma verstanden werden: Taterkuhle hieße eine Wassergrube bei Hollmoorskamp, weil dort die Tatern ihre alten Leute ertränkt hätten[60]. Bereits in der Antike wurde die 'Altentötung', so auch die übergreifende Bezeichnung für das Erzählmotiv, verschiedenen Völkern zugeschrieben, und seit Beginn unserer Zeitrechnung datieren Zeugnisse über Erzählungen, die von der Abschaffung eines solchen Brauchs berichten. Unter anderen wurde die Altentötung Römern wie Germanen nachgesagt, und schon früh scheinen Berichte darüber zum "Topos geworden und vielfach von der Absicht bestimmt gewesen zu sein, mit solchen, zumal unter christl[icher] Ethik als ungeheuerlich empfundenen Sitten die Primitivität mißachteter Nachbarn oder vermeintlich rückständiger Heiden zu charakterisie-

56 Wucke 1891 (wie not. 16) num. 558.

57 Eisel 1871 (wie not. 34) num. 718.

58 Hass, A.: Pommersche Sagen. Leipzig-Gohlis 3. Auflage 1912, num. 279.

59 Meyer 1929 (wie not. 55) 241.

60 Müllenhoff, K.: Sagen, Märchen und Lieder der Herzogtümer Schleswig, Holstein und Lauenburg. Neue Ausgabe ed. O. Mensing. Schleswig 1921, 93, num.112 (= Auflage Kiel 1845, num. 530).

ren."[61] In dieser Weise wurde z.B. die Altentötung in deutschen Chroniken des 16. und 17. Jahrhunderts den Wenden unterstellt. Charakteristischerweise, das soll nicht unerwähnt bleiben, griff der anfangs erwähnte 'Zigeunerspezialist' Arnold ohne jegliches quellenkritisches Vorgehen auf ein solches Werk zurück, um in seinem Buch "Die Zigeuner" das nur zwei Seiten lange Kapitel "Tod und Begräbnis" mit der Information über Altentötung bei den 'Zigeunern' als historisch verbürgtes Ereignis abzuschließen[62]. Zum Beweis seiner Unterstellung zitierte er relativ ausführlich A. Heimreichs "Nordfriesische Chronik" aus dem Jahr 1666, die wiederum anderen als Lieferant für mündliche nordfriesische Erzähltraditionen diente[63]. Das Motiv 'Altentötung' bietet ein Beispiel, wie identische Chronikberichte einerseits zur Folklore in Sagensammlungen werden und andererseits als Fakten in die Sachliteratur über 'Zigeuner' wandern[64].

Hier ist nicht der Ort für die Aufzählung aller einzelnen, oft auch nur singulär mit 'Zigeunern' verbundenen Erzählmotive[65]. Für jeden einzelnen Sagentyp müßten, wie das vorangegangene Beispiel deutlich veranschaulicht, umfassende quellenkritische Untersuchungen vorgenommen werden. Über das 19. Jahrhundert hinaus bilden Sagen ein amorphes und heterogenes Gemisch von tatsächlich mündlich Erzähltem, darunter aus schriftlichen Quellen - z.B. Kalendern - Nacherzähltem, sowie von den jeweiligen Herausgebern aus verschiedenen literarischen Quellenbereichen Abgeschriebenem, poetisch Erweitertem oder aber Zusammengefaßtem und Kommentiertem. Ich gehe hier etwas näher nur Geschichten nach, die von der Gewalt der 'Zigeuner' über das Feuer erzählen. Sie sind die am häufigsten verbreiteten Sagen über 'Zigeuner' und werden im Unterschied zu vielen anderen Geschichten in ihrer spezifischen Ausgestaltung fast ausschließlich allein ihnen zugeschrieben.

---

61 Moser-Rath, E.: Altentötung (AaTh 981). In: Enzyklopädie des Märchens 1. ed. K. Ranke u.a. Berlin /New York 1977, 388-395, 389 (Zitat).

62 Arnold 1965 (wie not. l) 178f.

63 Heimreich, A.: Nordfriesische Chronik 1-2. Kiel 1566 (2. Auflage 1668; 3. Aufl. 1819; Nachdruck Leer 1982), nach Kooi, J.van der/ Poortinga, Y.: Friesen. In: Enzyklopädie des Märchens 5. ed. R.W. Brednich u.a. Berlin/New York 1987, 361-373, hier 364.

64 cf. zu dieser Problematik Köhler-Zülch (wie not. 15) 52-55.

65 Eine regionale Übersicht über 'Zigeunersagen' findet sich bei Peter, H.: Geschichtliches Volkssagengut in den Sudetenländern. Marburg 1978, 127-136.

III. Von der Macht der 'Zigeuner' über das Feuer

Erzählungen über den 'Feuersegen der Zigeuner', über das Feuerfestmachen von Häusern als Dank für Beherbergung, sind im Kontext der zahlreich überlieferten Segen und Zaubersprüche, die Krankheiten und viele andere Gefahren abwehren sollen, zu sehen. Unter den speziellen nicht allein 'Zigeunern' zugeschriebenen Segen gegen das Feuer sollten einige vorbeugend zukünftigen Bränden entgegenwirken, andere wiederum galten der unmittelbaren Schadensbekämpfung. Einen vorbeugenden Segen propagierte ein Flugblatt mit dem Titel "Eine wahre und approbirte Kunst in Feuers-Brunsten und Pestilentz-Zeit nützlich zu gebrauchen", das versprach: "Wer diesen Brief in seinem Hause hat, bey dem wird keines Feuers Brunst entstehen, oder auskommen [...]"[66]. Laut Aussage des Flugblatts soll es 1715 in Königsberg bei Alexander Baumann gedruckt worden sein. Der auch aus anderen Quellen bekannte Feuersegen beginnt: "Biß willkommen du feuriger Gast, greif nicht weiter als was du hast. Das zehl ich dir Feuer zu einer Buß, im Namen GOTTES des Vatters, Sohns und des Heil. Geistes [...]." und wird hier als Erfindung eines 'christlichen Zigeunischen Königs aus Egypten' ausgegeben. Die ausführliche Einleitung des Flugblatts enthält zum einen den angeblichen Beweis der Wirksamkeit des Segens und zum anderen ein 'offizielles Gutachten': Es wird von der Hinrichtung von sechs Zigeunern am 10. Juni 1714 in Preußen berichtet. Als am 16. Juni der siebente Zigeuner ebenfalls hingerichtet werden sollte, brach ein Brand aus, den der zum Tode verurteilte Zigeuner durch Besprechen löschte. Es folgt die Mitteilung: "Solches ist auch von einer Königl. Preußischen Regierung, und dem General-Superintendenten zu Königsberg für gut erkannt, und in öffentlichen Druck übergeben worden." Doch alle Informationen in dieser Einleitung waren zu Werbezwecken erfunden, denn den auf dem Flugblatt angegebenen Drucker hat es in Königsberg nie gegeben, das Gutachten der preußischen Regierung und des Superintendenten war ebenfalls Fiktion, desgleichen die Hinrichtungsszene mit der Brandlöschung[67]. Diese Reklame zeigte offensichtlich Wirkung auf

66 Harmjanz, H.: Die deutschen Feuersegen und ihre Varianten in Nord- und Osteuropa. (FFC 103). Helsinki 1932, 3 (Facsimile); zum Sagentyp vgl. Köhler (wie not. 26).
67 Harmjanz (wie not. 66) 57f.

den Verkauf des Flugblatts, denn der Feuersegen in dieser Form ist relativ verbreitet[68]. In katholischen Gegenden wurde oft einfach die Einleitung mit dem evangelischen Superintendenten weggelassen, ein Absatzgebiet hingegen für den unverkürzten 'Königsberger' Druck waren z.B. reformierte Gebiete der Schweiz; so wurde noch in den 70er Jahren unseres Jahrhunderts im Estrich eines Hauses in Liestal eine vollständige Abschrift entdeckt, die vermutlich zwischen 1780 und 1820 verfaßt worden war[69]. Auf einen solchen 'Königsberger' Einblattdruck griff übrigens auch Achim von Arnim in seiner Bearbeitung "Das Feuerbesprechen" für "Des Knaben Wunderhorn" zurück[70].

Die angebliche Macht der 'Zigeuner' über das Feuer wurde auf verschiedenste Arten propagiert, nicht nur in Flugblättern ähnlich dem 'Königsberger', deren Feuersegen wiederum in Zauberbüchern abgedruckt wurden, sondern auch durch unterschiedlichste gehobenere Werke des 17. und 18. Jahrhunderts. Dabei, besonders charakteristisch für die Barockzeit, wurde zum wenigsten auf eigene Erfahrungen zurückgegriffen, sondern mit und ohne Quellenangabe aus Büchern von älteren Verfassern und Zeitgenossen geschöpft. Berichte von magischen Fähigkeiten der Zigeuner über das Feuer tradiert die barocke Kuriositätenliteratur wie z.B. Joh. Christ. Männlings "Denkwürdige Curiositäten" von 1713[71] und Tharsanders "Schau-Platz" von 1739[72]. In diesem Zeitraum widmen sich auch Spezialwerke dem Thema, wie H.F. Mosemanns "Geographia historica" aus dem Jahr 1616[73], H. F. von Flemings "Vollkommener Teutscher Jäger" aus dem Jahr 1724[74] oder

68 Zum analogen 'Egerer Feuersegen' mit einer Hinrichtungsszene von sieben 'Zigeunern' vgl. Peter (wie not. 65) 128f.

69 Trümpy, H.: Ein neuer schweizerischer Beleg für einen bekannten Feuersegen. In: Schweizer Volkskunde 68 (1978) 9-11.

70 Arnim, L.A. von/ Brentano, C.: Des Knaben Wunderhorn 1-9. ed. H. Rölleke. Stuttgart/Berlin/Köln/Mainz 1979, t. l, 18-20, t.4, 88-92.

71 Männling, J. C.: Denkwürdige Curiositäten derer so wohl Inn- als Ausländischer Abergläubischer Albertäten. Frankfurt/Leipzig 1713, 193, nach Freudenthal, H.: Das Feuer im deutschen Glauben und Brauch. Berlin/Leipzig 1931, 385.

72 Tharsander [d.i. G.W.Wegener]: Schau-Platz Vieler Ungereimten Meynungen und Erzehlungen 2. Berlin 1739, 256f.

73 Mosemann, H.F.: Geographica historica [...]. Schmalkalden 3. Auflage 1616, 466.

74 Fleming, H.F. von: Des Vollkommenen Teutschen Jägers Anderer Haupt-Theil [...]. Leipzig 1724, 44.

aber G. P. Hönns "Betrugs-Lexicon" von 1761[75]. Das Interesse von Kriminalisten blieb auch später bestehen: So gab der 'Fürstlich Reuß-Plauensche Criminalrath und Vorstand des Fürstlichen Criminalgerichts zu Lobenstein' Richard Liebich in seinem Buch "Die Zigeuner [...]" von 1863 ein Beispiel für die Sage des Feuerfestmachens durch 'Zigeuner', das in Gera lokalisiert ist[76]. Multiplikatoren waren des weiteren Geistliche, die gegen den Aberglauben kämpften, wobei es für barocke Prediger, die von der Existenz der Hexen und ihres schadenreichen Wirkens überzeugt waren, ein Problem gewesen sein dürfte, die Unterschiede von Magie und wahrem Glauben, hier einerseits von Besprechen des Feuers samt gegenständlichen Schutzmitteln und andererseits von kirchlichen Ritualen einschließlich des reichen Angebots an geweihten Gegenständen, zu vermitteln[77]. Der Querfurther Geistliche Johann Christoph Schäffer widmete dem Kampf gegen den Feuersegen im Jahr 1723 ein ganzes Buch, in dem er auch von Zigeunern berichtet[78]. Fast 50 Jahre zuvor hatte der Schweizer evangelische Pfarrer Bartholomäus Anhorn sein Werk 'Magiologia', ein Handbuch zur Bekämpfung volkstümlichen Aberglaubens, veröffentlicht und war ebenfalls auf die Feuerkunst der Zigeuner eingegangen[79]. Gerade aber der Kampf gegen den Aberglauben reaktivierte und popularisierte abergläubische Vorstellungen. So diente vermutlich Anhorns Werk in der Schweiz z.B. als Materialsammlung für Predigten anderer Pfarrer und für die von der Geistlichkeit ausgeübte Spinnstubenkatechese bis weit in das 18. Jahrhundert hinein[80]. An einer literarischen Verbreitung und Popularisierung von Geschichten über die Feuerkunst der 'Zigeuner' ist nicht zu zweifeln, und es ließen sich bei einer systematischen Durchsicht der Druckwerke des 17. und 18. Jahrhunderts mit Sicherheit weitere Belege finden.

---

75 Hönn, G.P.: Betrugs-Lexicon [...]. Coburg 2. Aufl. 1761, 518.

76 Liebich, R.: Die Zigeuner in ihrem Wesen und in ihrer Sprache. Leipzig 1863, 63f.

77 Moser-Rath, E.: Geistliche Bauernregeln. Ein Beitrag zum Volksglauben der Barockzeit. In: Zeitschrift für Volkskunde 55 (1959) 201-226.

78 Schäffer, J.C.: Der von Gott verfluchte Feuersegen [...]. Leipzig 1723, 31f., nach Freudenthal (wie not. 71) 385.

79 Anhorn, B.: Magiologia. Christliche Warnung für dem Aberglauben uñ Zauberey [...]. Basel 1674, 399.

80 Brunold-Bigler, U.: Quellenkritische Studie zu Arnold Büchlis Volkserzählungssammlung "Mythologische Landeskunde von Graubünden". In: Bündner Monatsblatt (Juli/August 1985) Num. 7/8, 221-264, hier 238.

Erst um 1800 entstand überhaupt der Buchtyp Sagensammlung. Es tauchen nun Texte in solchen Sammlungen wie die anfangs zitierte Geschichte auf, in der vom Feuerfeien des Ortes Mechenhard im Spessart durch 'Zigeuner' als Dank für ihre Beherbergung erzählt wird[81]. Unter den vielen Sagensammlern des 19. Jahrhunderts ist Ludwig Bechstein einer der ersten, der die Geschichte für eine Sagensammlung verwendete. Sein drei Seiten langer Text in der Sammlung thüringischer Sagen aus dem Jahr 1838[82] - als Beiträger aus dem Gebiet, in dem die Geschichte lokalisiert ist, nannte Bechstein im Vorwort "Herrn Referendar Voigt aus Steinbach" und "Herrn Major und Kammerherrn, Freiherrn A. von Boineburg zu Weilar" - enthält eine Einleitung über 'Zigeuner', die bis vor 20 Jahren durch den Ort Steinbach gezogen seien, danach die eigentliche Geschichte in szenisch stark ausgebauter Form: Der 'Zigeuner' erbarmen tut sich in Steinbach "das alte kleine Reeschen, das bei der Linde daheim war"; auf das Feuer in der Scheune wird dieser durch die Dorfbewohner aufmerksam gemacht: "da wurde auf einmal ein Tumult vor seinem Haus, und liefen die Leute aus dem ganzen Dorf zusammen, und schrien [...]"; nach Diskussionen mit den Dorfleuten einerseits und mit den 'Zigeunern' andererseits, darunter das 'wörtliche' Zitat der "alten ururalten Zigeunersmutter" ("Nix Scheun, nix Haus, nix Dorf ansteck [...]"), wird der Scheunenbesitzer durch die Demonstration von ins Feuer gehaltenem Stroh, von dem kein Hälmchen versengt wurde, beruhigt; schließlich bedankt sich "die Alte", "klopfte ihn auf die Achsel und sagte ihm: so lange sein Haus und seine Scheuer ständen, könnten sie nimmermehr abbrennen, und wenn auch rings darum das ganze Dorf abbrennte, sie hätten es für ewige Zeiten festgemacht [...]." Diese Geschichte publizierte Bechstein nicht nur 1838 in "Der Sagenschatz [...] des Thüringerlandes", sondern auch in seinem 1858 erschienenen "Thüringer Sagenbuch"[83], hier allerdings in stark gekürzter Form unter Erhalt des Namens "Reeschen" und mit zwei weiteren Geschichten unter der Überschrift "Von Freischützen und Zigeunern" zusammengestellt. Einen Hinweis auf eine neue Bearbeitung seinerseits gab Bech-

81 Herrlein (wie not. 25) 295f., num. 14.

82 Bechstein, L.: Der Sagenschatz und die Sagenkreise des Thüringerlandes 4. Meiningen/Hildburghausen 1838, 175-178.

83 Bechstein, L.: Thüringer Sagenbuch 1-2 [in einem Band]. Coburg 1858, num. 133, 256f.

stein im Vorwort: Diese thüringische Sagensammlung "ist eine durchweg neue und selbständige Arbeit; sie ist nicht nur ein thüringisches Sagenbuch, sondern auch ein thüringisches Mythenbuch." In jedem Fall war die Geschichte in heimatkundlich interessierten Kreisen bekannt, ehe Wucke in der Region sammelte und seinerseits 1864 eine Variante publizierte, die als eine akkurate Zusammenfassung der ersten Bechsteinschen Fassung erscheint, mit dem Zusatz: "Und so stehen diese gegenwärtig der Familie Bodenstein gehörigen Gebäude noch immer der Linde gegenüber in Steinbach."[84]

Zu ergänzen ist, daß nicht nur Feuersegen, sondern auch gegenständliche Schutzmittel vor Brand bewahren oder ihn löschen sollten. Den Sagen nach stammen unter diesen vorzugsweise Feuerkugeln, -wurzeln und -stäbchen von 'Zigeunern'. Und, auch anderen Personen wurde Macht über das Feuer nachgesagt, besonders wenn es um aktuelles Feuerbesprechen ging: So treten als Feuerbanner den Sagen zufolge neben Juden in erster Linie Geistliche (auch von Martin Luther wurde es z.B. behauptet[85]), Landesherren und Amtspersonen auf. Doch der eigentliche Feuerzauber, die Demonstration, daß nichts Feuer fängt, wenn man es nicht will, nicht einmal das leicht entzündliche Stroh, ist in den Belegen fast ausschließlich 'Zigeunern' zugeschrieben.

Stammten die bisher angeführten Sagenbeispiele hauptsächlich aus Sammlungen des 19. Jahrhunderts, so geht es im folgenden um Geschichten von der Gewalt der 'Zigeuner' über das Feuer, die in der Mitte des 20. Jahrhunderts aufgezeichnet wurden. Ich greife dabei auf eine Schweizer Sagensammlung, die "Mythologische Landeskunde aus Graubünden" von Arnold Büchli (1885-1970)[86], zurück. Einerseits interpretierte dieser Sammler, wie schon der Titel seines Werkes deutlich macht, Sagen als Dokumente vergangener Mythen, blendete durch sein Interesse, Geschichten mit übernatürlicher Thematik zu sammeln, viele Aspekte der Erzählwirklichkeit aus und stand damit in überholten Forschungstraditionen der Brüder Grimm und ihrer Nachfolger. Auf der anderen Seite zeichnete sich Büchli durch intensive Feldforschungsar-

84 Wucke (wie not. 16) 1864, 77f.(= 2. Aufl. 1891, num. 143).

85 Brückner (wie not. 9) 302f.

86 Büchli, A.: Mythologische Landeskunde von Graubünden. Ein Bergvolk erzählt. Aarau t.1 1958, t.2 1966 (2. Aufl. 1970); im folgenden, wenn nicht anders angegeben, zitiert nach der erweiterten Aufl. t. 1-4. ed. U. Brunold-Bigler. Disentis 1989/89/90/92.

beit aus: Im Unterschied zu seinen Vorgängern dokumentierte er fast ausschließlich nur solche Texte, die er während seiner systematischen Sammelarbeit in den 30ern bis in die 60er Jahre selbst ermittelt hatte, und er gab - hierin neuen Forschungsansätzen verpflichtet - über die Erzähler und Erzählerinnen in Zusammenhang mit den von ihnen erzählten Texten Aufschluß[87]. Büchlis äußerst umfangreiche Sammlung erfaßt mehr als 7000 Sagen, von denen gut 2% über 'Zigeuner', hier wohl größtenteils Jenische betreffend, erzählen[88]. Wiederum machen unter diesen Erzählungen mit ca 30 Belegen Geschichten, die von der Gewalt der 'Zigeuner' über das Feuer berichten, die größte Gruppe aus. Ein Teil der Texte handelt vom 'Feuersegen der Zigeuner', vom Feuerfestmachen als Dank für Beherbergung, der größere Teil jedoch nur von der Demonstration des eigentlichen Feuerzaubers im Heuschober. Nach Graubündner Varianten benutzten 'Zigeuner' dazu z.B. seidene Tücher oder weißes Papier, auf denen sie Feuer mitten im Heu entfachten, ohne daß dieses oder die benutzten Gegenstände irgendeinen Schaden nahmen[89]. Auch von der Besonderheit des 'Zigeunerfeuers' wird erzählt: Während die 'Zigeuner' in einer Variante einem Bauern die Pfeife an ihrem Feuer anzündeten - wenn er es selbst täte, würde ein Brand entstehen[90], so behauptet eine andere Version, das 'Zigeunerfeuer' wäre Blendwerk, und mit ihm könnte man gar keine Tabakspfeife anzünden[91]. Die unerwarteten Folgen der 'Feuerkünste' von 'Zigeunern' schildert singulär ein Erzähler: Auf den ausdrücklichen Wunsch eines Bauern bewirkten 'Zigeuner', es solle niemals mehr brennen. Als am nächsten Morgen das Frühstück gemacht werden sollte, war auch das Herdfeuer nicht anzuzünden, so mußte der Bauer den 'Zigeunern' hinterherlaufen und sie bitten, den Zauber wieder rückgängig zu machen[92].

---

87 Brunold-Bigler, U.: Arnold Büchli und seine "Mythologische Landeskunde von Graubünden". In: Büchli (wie not. 86) t.4 1990, 5-35, besonders 14-27; dies. 1985 (wie not. 80).

88 vgl. das von U. Brunold-Bigler erstellte Register "Motive, Themen, Typen" in Büchli (wie not. 86) t.4, hier 119f.

89 z.B. Büchli (wie not. 86) t. 2, 113f., 152, 161, 210.

90 Büchli (wie not. 86) t. 1, 642f.

91 ebenda t.2, 575.

92 ebenda t.1,452f.

Inwieweit schriftliche Erzeugnisse verschiedener Vermittlungsinstanzen die oralen Traditionen beeinflußten, wobei Kirche, Schule und populäre Lesestoffe eine bedeutende Rolle spielten, ist auch für die von Büchli aufgezeichneten Texte eine wichtige Frage. Im Fall des zauberischen Umgangs der 'Zigeuner' mit dem Feuer ist festzuhalten, daß sich schriftliche Belege in der Schweiz allgemein und speziell in Graubünden schon vor der Sammeltätigkeit Büchlis finden. Neben der bereits angeführten Existenz des Königsberger Flugblatts und den Nachwirkungen des Handbuchs gegen Aberglauben von Pfarrer Anhorn bis in das 18. Jahrhundert hinein sind vor Büchli tätige Sammler zu erwähnen, die entsprechende Texte publiziert haben. In seiner Sammlung aus dem Aargau, dem Heimatkanton Büchlis, bietet Ernst Ludwig Rochholz (1809-92) z.B. zwar nicht den Sagentyp 'Feuersegen der Zigeuner', also die Geschichte über das Feuerfestmachen eines Hauses als Dank für eine Beherbergung, aber er dokumentiert ebenfalls den Feuerzauber der 'Zigeuner', den er als Heidenkunst apostrophiert[93]. Josef Müller (1870-1929) veröffentlichte in seinen "Sagen aus Uri" zwei Varianten: In der einen läßt "eine Heidenbande, d.h. Zigeuner" keinen Halm verbrennen, und in der anderen lassen 'Zigeuner' das Feuer im Heustock auf einem Zeitungsblatt brennen[94]. Aus Graubünden selbst, dem Sammelgebiet Büchlis, lieferten Dietrich Jecklin (1833-1891) und Caspar Decurtins (1845-1916) eine Sage, die eine mögliche "literarische Brücke" darstellt[95]. Allgemein war Büchli mit dem Phänomen des Rücklaufs der gedruckten Sagen seiner Vorgänger, besonders aus der populären Sammlung Jecklins, konfrontiert[96]. Insgesamt ist für Büchlis Sammlung

93 Rochholz, E.L.: Schweizersagen aus dem Aargau. Aarau 1856, 127 und num. 223.

94 Müller, J.: Sagen aus Uri 1-2. ed. H. Bächtold-Stäubli. t. 3. ed. R. Wildhaber. Basel 1978, hier t. 1 (1. Aufl. 1926), num. 313; weitere hier enthaltene Sagen, in denen 'Zigeuner' eine Rolle spielen, zeigen große Ähnlichkeit mit den von Büchli veröffentlichten Texten, vgl. t.3, Register.

95 Brunold-Bigler 1985 (wie not. 80) 238: Jecklin, D.: Volksthümliches aus Graubünden. Zürich 1874, 66 (nach C. Decurtins); 2. Aufl. Chur 1916, 306.

96 Zu Gewährsleuten vgl. Büchli (wie not. 86) t.1, 150 (Kommentar zur Geschichte zum Feuerzauber des Erzählers Anton Mooser (1860-1947): "Die Geistergeschichten, die Mooser von Maienfeld und den umliegenden Dörfern wußte, hatte er bereits 1916 für die Neuauflage von Dietrich Jecklins 'Volkstümliches aus Graubünden' aufgezeichnet."); vgl. auch Büchli 1, 412 (Hans Heim [1872-1954] "ist ein Nachkomme der bei Jecklin [Volkstümliches 1916, S.13/14] genannten Familie.").

im Vergleich zu anderen Sagenpublikationen ein leichtes Ansteigen der Zahl von Texten, in denen 'Zigeuner' eine Rolle spielen, zu beobachten - ein Fakt, der wohl teils auf die intensivere Aufzeichnungstätigkeit Büchlis zurückzuführen und teils seinem auf den Bereich des Supranormalen konzentrierten Forschungsinteresse zu verdanken ist. Das Übergewicht der 'Sagen von aller Art Hexerei"[97] ist weniger als ein Zeichen der Repräsentativität des von ihm Ermittelten für die Erzählwirklichkeit in Graubünden zu werten, als vielmehr als ein Ergebnis der Fragen des Sammlers -"dr Hexemeischter va Khur" nannten ihn Bauern im Domleschg - nach "Geistern und Hexen"[98]. Und eben diesem Bereich gehören Büchlis Texte über 'Zigeuner' an. Wie in den Sagensammlungen des 19. Jahrhunderts erscheinen 'Zigeuner' fast ausschließlich im Kontext Magie. Dabei ergeben sich auch ähnliche Gruppierungen: An erster Stelle stehen Erzählungen über die Gewalt der 'Zigeuner' über das Feuer; es folgen z.T. mit Verwünschungen kombinierte Geschichten über Prophezeiungs- und Wahrsagekünste, unter denen sich wie in den Sammlungen des 19. Jahrhunderts eine Reihe von Texten findet, in denen vorhergesagt wird, wieviel Geld ein anderer in der Tasche hat[99]; unter Berichten über verschiedene Zaubereien, sowohl über Schaden- als auch über Abwehrzauber, z.B. bei Viehverhexung und Alpdruck, berichtet eine relativ große Gruppe, wie 'Zigeuner' durch magische Mittel bewirken, daß ihnen Gegenstände und auch Personen hinterherlaufen.

IV. Zum Aussagewert

Was bedeuten nun diese Sagen über die Sinti und Roma, welchen Aussagewert besitzen sie? Zunächst ist auf einige inhaltliche Aspekte einzugehen. Als erstes stellt sich die Frage, wann die Ereignisse, von denen die Sagen erzählen, überhaupt stattgefunden haben sollen. Bei den Texten der Sammlungen des 19. Jahrhunderts, die so gut wie keinen Aufschluß über Erzähler und Erzählsituationen geben, ist textimmanent vorzugehen, d.h. es ist festzustellen, was die Texte selbst zum Zeitpunkt

97 Büchli 1958 (wie not. 86) t.1, XXIX.
98 Büchli 1958 (wie not. 86) t.1, XXXI und XXIX.
99 z.B. Büchli (wie not. 86) t.1, 229, 643, 872, 831.

des geschilderten Geschehens aussagen. Am häufigsten finden sich Zeitangaben sehr vager Natur, die das Ereignis in einer unbestimmten Vergangenheit situieren: Da heißt es "Einst kamen Zigeuner [...]" und ähnlich "Einmal", "Einstmals", „Damals", "vor weiß Gott wie vielen Jahren", oder auch noch fernere Vergangenheiten bezeichnend "Es ist schon lange her", "vor langer Zeit" und "vor langen, langen Jahren"; im letzten Fall, da es um eine Prophezeiung über die Niederlage der Türken in Mitteleuropa geht[100], kann präzisiert werden: 1683 fand die Belagerung von Wien statt, es soll sich also um eine Begebenheit vom Ende des 17. Jahrhunderts handeln, d.h. zwischen angeblichem Ereignis und Erzählakt liegen mindestens über 150 Jahre, denn Wucke, dem der Text zu verdanken ist, sammelte in den 60er Jahren des 19. Jahrhunderts. Öfters erscheint die Formulierung 'hundert Jahre' in den Texten, dabei finden sich Angaben wie "vor vielen hundert Jahren", "vor ungefähr 150 Jahren", "hundert Jahre und länger", "vor etwa hundert Jahren", "Es mag hundert Jahre her sein", oder es wird auf das vorige Jahrhundert verwiesen. Einige wenige Texte reduzieren den Zeitraum auf '50, 60 Jahre' oder 40 Jahre, nur singulär treten aktuellere Bezüge auf, so in einer 1859 erschienenen Sammlung badischer Sagen, in der Prophezeiungen auf die Jahre 1848 und 1851 datiert werden[101]. Die verschiedentlich zu findende Angabe konkreter Jahreszahlen oder Jahrhunderte deutet auf eine schriftliche Quelle und auf die Bearbeitung durch den Sammler hin, wie z.B. "Zu Anfang des 17. Jahrhunderts", der Schutz vor Feuer "in den Jahren 1689 und 1840"[102], eine Hinrichtung "Anno 1773"[103] oder Verurteilung "im Jahr 1723, wie die noch vorliegenden Akten beweisen"[104]. Erstaunlich sind Formulierungen wie "Zur Zeit, als die Zigeuner noch im Lande umherstreiften", nach denen es, so ist zu folgern, spätestens seit 1864, dem Erscheinen der Sammlung, keine 'Zigeuner' mehr in diesem Thüringer Gebiet gab; eine ähnliche Aussage findet sich zuvor für denselben Ort bei Bechstein, nur daß ein Verschwinden der 'Zigeuner' hier spätestens auf ca 1820 zu datieren

100 Wucke (wie not. 16) num. 187.

101 Baader 1859 (wie not. 46) num. 153, 117.

102 Baader, B.: Volkssagen aus dem Lande Baden und den angrenzenden Gegenden. Karlsruhe 1851, num. 251.

103 Birlinger 1874 (wie not. 18) num. 359.

104 Jungbauer (wie not. 42) 209f.

wäre[105]. Die Glaubwürdigkeit der Angaben zu Zeit und Geschehen ist eine andere Sache, hier geht es zunächst nur um die in den Texten selbst gemachten Aussagen über den Zeitpunkt angeblicher Ereignisse. Bis auf wenige Ausnahmen weisen die Texte des 19. Jahrhunderts, die allgemein durch Übernahmen aus der Literatur und starke Bearbeitung seitens der Sammler charakterisiert sind, auf weit zurückliegende Zeiträume hin, in denen das Erzählte stattgefunden haben soll. Doch was für Informationen sind aus moderneren Sammlungen zu erhalten, deren Texte zweifelsohne aus der mündlichen Überlieferung aufgezeichnet wurden? Ich greife wiederum auf die Sammlung Büchlis zurück.

Zwar beginnen auch Büchlis Erzähler und Erzählerinnen öfters ihre Geschichten mit "Emal sind Ziginer [...] cho"[106] oder ähnlich, doch stellen sie meist eine persönliche Beziehung her, indem sie das erzählte Geschehen mit vertrauten Orten und häufig mit bestimmten, ihnen bekannten Personen verbinden. Oft handelt es sich dabei um Verwandte oder Nachbarn, denen das Erlebnis mit 'Zigeunern' passiert sein soll. Festzuhalten ist, daß einige der Gewährsleute Büchlis, der seine Aufzeichnungen vorwiegend in den 40er Jahren unseres Jahrhunderts machte, mitteilen: "Früär sind au Zigîner dür ds Dschlfigg ûs und în" oder "Früher kamen Zigeuner nach Sur Rain und Cavorgia"[107], als ob in diese Regionen nun keine 'Zigeuner' mehr kämen. Zumindest bezeugen solche Aussagen, daß nicht über jüngst Vergangenes, sondern über alte Zeiten erzählt wird. Und dieses Zurückgehen in die Vergangenheit praktizierten die meisten Erzähler und Erzählerinnen der Sammlung. Denn selten wird Selbsterlebtes berichtet, sondern das, was Eltern und Großeltern über angeblich Erlebtes oder auch nur Gehörtes erzählten. Dabei ist zu berücksichtigen, daß Büchli vor allem alte Menschen befragte, die ihrerseits längst der Großelterngeneration angehörten und deren Großeltern und auch Eltern nicht mehr lebten. So berichtete eine Erzählerin, die 1864 geboren wurde, dem Sammler in den 40er Jahren das, was sie von ihrem 1881 verstorbenen Vater hatte erzählen hören. Ihr

---

105 Wucke (wie not. 16) 1864, 77 (= Wucke 2. Aufl. 1891, num. 143); Variante bei Bechstein 1838 (wie not. 82) 175 ("noch bis vor 20 Jahren kamen [...] Zigeunerbanden gezogen.")

106 Büchli (wie not. 86) t.1, 303.

107 ebenda t.1, 452; t.2, 113 und öfter.

Vater stammte aus Tirol, reiste als Ofensetzer im ganzen Kanton umher und soll ein guter Erzähler gewesen sein, der überall Erzählstoffe aufnahm; die von ihr erzählte Geschichte über den 'Feuerzauber der Zigeuner' ist nicht als Erlebnis des Vaters, sondern als das 'eines Bauern' geschildert[108]. Büchli zeichnete die Geschichte vom Feuerzauber ebenfalls von einem 85jährigen Erzähler auf, der sie von seiner Mutter gehört hatte, die wiederum erzählte, was ihrem Vater, dem Großvater des Erzählers, passiert sei[109]; das Ereignis hätte also Mitte des 19. Jahrhunderts stattgefunden. Eine 1864 geborene Frau erzählte vom Feuersegen der 'Zigeuner', wie ihr Vater (1835-1912) davon berichtet hatte, der die Geschichte von seiner Mutter gehört hatte[110], und eine andere Erzählerin (1875-1949) sprach über die Zeit, als ihr Großvater noch ein Bub gewesen war[111]. Mit Ausnahme weniger Fälle, darunter Texte mit Bemerkungen wie: das Berichtete hätte sich zugetragen, als der Erzähler selbst noch ein Bub gewesen wäre[112], die eher als Versuche zur Beglaubigung oder Datierung denn als Resultate eigener Erinnerungsfähigkeit erscheinen, handelt es sich auch trotz persönlicher Bezüge bei den Erzählungen nicht um Augenzeugenberichte, nicht um Selbsterlebtes, sondern Erzähltes, das wiedererzählt wurde. Auch in den aus der mündlichen Überlieferung aufgezeichneten Texten werden die erzählten Ereignisse in längst vergangene Zeiten verlagert. Dabei kristallisiert sich heraus, daß oft ca. 100 Jahre zwischen dem angeblichen Ereignis und dem Erzählakt, dem Zeitpunkt des Erzählens, liegen. Diese Zeitspanne ist nicht nur für 'Zigeunersagen' typisch, sondern für 'traditionelle' Sagen allgemein: Niemand lebt mehr aus der Zeit, als die Geschichte sich ereignet haben soll, um sie zu beglaubigen oder zu dementieren[113].

Es kristallisieren sich ebenfalls bestimmte Sachverhalte in den Sagensammlungen heraus. Immer wieder berichten die Aufzeichnungen von identischen Begebenheiten: über das zauberische Kochen der 'Zigeuner'

---

108 ebenda t.1, 642.

109 ebenda t.2, 210.

110 ebenda t.3, 47.

111 ebenda t.2, 250.

112 z.B. ebenda t.1, 594 und 870f., t.3, 333.

113 vgl. die Untersuchungen schwedischer Sagen von Palmenfelt, U.: On the Understanding of Folk Legends. In: Telling Reality. Folklore Sudies in Memory of Bengt Holbek. ed. M. Chesnutt. Kopenhagen/Turku 1993, 143-187, hier 156.

im Heuschober, über Gegenstände und Menschen, die von 'Zigeunern' zum Nachlaufen gezwungen werden, über das Vorhersagen, wieviel Geld ein anderer in der Tasche hat usw. - d.h. zur Veranschaulichung von Verhaltensweisen und Eigenschaften der 'Zigeuner', wie die Erzähler und Erzählerinnen sie sich vorstellen, wird stets auf dieselben Bilder zurückgegriffen. Aus den Erzählungen ist nicht auf tatsächliche Ereignisse zu schließen, sondern allgemeine Vorstellungen wurden auf gängige Motive reduziert. Wie verfügbar Erzählmotive sind, zeigten die Berichte über Schaden- und Abwehrzauber: Auf 'Zigeunerinnen' wurde sonst von Hexen Erzähltes übertragen, und der Motivbestand von Hexensagen lag schon vor Ankunft der Sinti und Roma in Mitteleuropa ausgebildet vor. Die Nutzung von Motivvorräten veranschaulicht auch ein Text aus Büchlis Sammlung mit dem Motiv 'Findelkind', der zugleich über die Akzeptanz solcher Geschichten Auskunft gibt. Der Text lautet:

„Man habe in den aclas Foppa [...] ob Vigens ein Kind von Zigeunern gefunden, es hinunter ins Dorf genommen und es nach dem Fundort 'Foppa' benannt. Von diesem Kind stammt das Geschlecht der Foppa ab."[114]

Schon Büchli machte in einem den Text um dreifache Länge übersteigenden Kommentar darauf aufmerksam, daß von alters her oft das Volk großen Männern der Geschichte eine unbekannte Herkunft zugeschrieben hätte, und führte u. a. Moses und Romulus und Remus als Beispiele an. Doch der Sammler hatte sich vergebens abgesichert, denn nach Erscheinen des zweiten Bandes der "Mythologischen Landeskunde von Graubünden" im Jahr 1966 protestierte ein bekanntes Mitglied der in Graubünden ansässigen Familie Foppa und drohte ihm mit einer Anzeige wegen übler Nachrede. Schließlich konnte Büchli den Vorfall außergerichtlich durch Zahlung an eine gemeinnützige Stiftung regeln[115]. In diesem Fall vermochte der Sagensammler offensichtlich nicht davon zu überzeugen, daß es sich hier um das Phänomen eines Wandermotivs, das zu verschiedenen Zeiten mit unterschiedlichen Orten und Personen

114 Büchli (wie not. 86) t.2, 484.

115 Doornkaat, H. ten: Arnold Büchli (1885-1970). In: Schenda, R. (ed.) unter Mitarbeit von H. ten Doornkaat: Sagenerzähler und Sagensammler der Schweiz. Bern/Stuttgart 1988, 521-597, hier 567.

verknüpft wird, handelte. Der Vorfall verweist auf eine latente Gläubigkeit auch an alte Sagenstoffe, die bis in unser Jahrhundert hineinreicht. Die Beharrlichkeit solcher Traditionen ist aus der jahrhundertelangen Prägung und Kanalisierung populärer Vorstellungen durch oberschichtliche Instanzen zu erklären. Auch die Popularisierung gelehrter Literatur trug einen entscheidenden Anteil dazu bei, Volksglaubensvorstellungen zu formen. Ein Beispiel für die Stabilisierung durch eine lange schriftliche Tradierung, die schließlich in Sagensammlungen mündete, bieten die Geschichten von der Gewalt der 'Zigeuner' über das Feuer. Und schließlich werden Denkweisen und Vorstellungen von Generation zu Generation auch in Form von Erzählungen weitergereicht. Ausgehend von der Wirkung gedruckter Volkserzählungen des späten 18. Jahrhunderts auf Unterschichten, nämlich der Vermehrung des Glaubens an Hexen, Gespenster und dergleichen dank einer vermuteten Beglaubigung durch Gedrucktes, schrieb Ursula Brunold-Bigler, die Herausgeberin der Büchli-Ausgabe, auch Sagensammlungen einen solchen Einfluß zu: "Diese unheilvolle Stabilisierung inhumaner Traditionen dauert in einer Gesellschaft mit trägen patriarchalischen und xenophoben Mentalitäten bis an die Schwelle zur Gegenwart: Arnold Büchli konnte mühelos die durch Dietrich Jecklins 'Volksthümliches aus Graubünden' (1874-1878, 2 1916) verbreiteten typisierten Diskriminierungen gegen Hexen und 'Zigeuner'(wissenschaftlich: Jenische) erheben und zudem massenweise neue Varianten einsammeln."[116] Der starke Einfluß einer allgemeinen öffentlichen Meinung einschließlich ihrer vorgefertigten Bilder zeigt sich auch in dem Phänomen, daß den Texten zufolge die meisten der Erzähler und Erzählerinnen Büchlis, die von 'Zigeunern' berichteten, offensichtlich selbst gar keinen Kontakt mit diesen gehabt hatten oder aber als ein unvergeßliches Erlebnis schilderten, daß sie einmal eine Gruppe von 'Zigeunern' gesehen hatten[117]. Auch die Berufung darauf, daß die 'Alten' es gesagt hätten, ist nicht als Zeichen für Verbürgtheit, sondern vielmehr wiederum als ein Hinweis auf den allgemeinen Konsens zu

116 Brunold-Bigler, U.: Rekonstruktionsversuche integraler Erzählwirklichkeit. In: Das Bild der Welt in der Volkserzählung. ed. L. Petzoldt u.a. Frankfurt a.M. u.a. 1993, 143-162, hier 156f.

117 Büchli (wie not. 86) t. 2, 133; vgl. auch t.1, 819.

werten[118]. Eventuelle individuelle Erfahrungen, die diese Bilder korrigieren könnten, hatten bei derart konsolidierten Vorstellungen augenscheinlich keine Chance[119]. Durch die fast ausschließlich von Zauberei erzählenden Sagen in den Sammlungen des 19. und zum Teil des 20. Jahrhunderts wurden Sinti und Roma weiterhin in eine für sie äußerst gefährliche Außenseiterstellung gedrängt: Sie wurden dämonisiert. Mit Zauberei in Zusammenhang gebracht zu werden, ob negativ oder positiv bewertet, ob im Kontext schwarzer oder weißer Magie, ist stets verdächtig und anrüchig. Zauberische Praktiken wurden Außenseitern, den Nicht-Integrierten und besonders Fremden häufig zugeschrieben[120].

Auch wenn der Inhalt der Sagensammlungen durch die Interessendominanz der Sammler, der Suche nach altertümlichen Glaubensvorstellungen, besonders solchen dämonologischen Charakters, bestimmt ist, so sind die Erzähler und Erzählerinnen an ihm nicht völlig unbeteiligt. Sie erzählen nicht alles und jedes, was ihnen erzählt wurde oder sich gedruckt vorfand, sondern wählten aus und formten um. Zum Ausdruck kommen Sorgen und Nöte der Menschen: Bedrohung der Existenz durch Verlust von Vieh und Ernte, durch Krankheit usw., d.h. unbewußt wurden Ängste und Probleme, wenn auch in tradierten Bildern, verarbeitet, menschliches Miteinander und seine Konflikte dargestellt, keinesfalls jedoch die der Sinti und Roma, sondern ausschließlich die der Erzähler und Erzählerinnen - es sind ihre Geschichten. In ihrer Funktionalität liegt der Aussagewert der Sagen. Aufschlußreich ist z.B. die Aussage in der Erzählung eines Graubündner Bauern über den Feuerzauber einer 'Zigeunerin': Diese hatte angeblich zwar ihr Seidentuch im Feuer unversehrt erhalten, jedoch aus Rache in die Tenne einen schwarzen Fleck eingebrannt. Die Bauern verfolgten sie: "Denn sie hat-

118 vgl. Marchal, G.P.: Memoria, Fama, Mos Maiorum. Vergangenheit in mündlicher Überlieferung im Mittelalter [...]. In: Vergangenheit in mündlicher Überlieferung. ed. J. von Ungern-Sternberg/ H. Reinau. Stuttgart 1988, 289-320, bes. 311f.

119 Aufschlußreich sind auch die Verbote von Kontaktaufnahmen der Bevölkerung mit 'Zigeunern' und Bestrafung bei Übertretung z.B. durch hessische Amtsanordnungen im 17. Jahrhundert, vgl. Höck, A.: Recht auch für Zigeuner? Ein Kapitel Minderheitenforschung nach hessischen Archivalien. In: Das Recht der kleinen Leute. Festschrift für K.-S. Kramer. ed. K. Köstlin/ K.D. Sievers. Berlin 1976, 77-88, hier 82-84.

120 Palmenfelt (wie not. 113) 153f.

ten Angst vor ihr und haßten sie deshalb."[121] In gleicher Weise wie bei anderen Sagen ist auch im Fall der 'Zigeunersagen' zu verfahren: Die Texte sind nicht als historisches Quellenmaterial über Sinti und Roma zu werten, sondern als Quelle zur Mentalitätsgeschichte der Mehrheitsbevölkerung.

V. Gegenwärtige Traditionen

Anders als in traditionellen Sagen findet erzähltes Geschehen in den sogenannten modernen Sagen nicht vor langen Zeiten, sondern in jüngster Vergangenheit statt, und die Handlung muß nicht mit magischen Elementen verbunden sein. Bekannte Beispiele sind Geschichten über die gestohlene Großmutter oder den Anhalter, der auf einmal spurlos verschwindet[122]. "Ein Ehepaar macht mit dem Auto Urlaub in Rumänien", beginnt eine andere solche Erzählung: "In einer abgelegenen Gegend fahren sie ein Kind aus einer Gruppe Zigeuner an. Der Mann bietet an, schnell Hilfe aus dem nächsten Ort zu holen. Damit es nicht nach Flucht aussieht, soll seine Frau so lange am Ort bleiben, bis er zurück ist. Als er wiederkommt, sind die Zigeuner weg, und seine Frau hängt am Baum."[123]

Während vermutlich nicht mehr viele Menschen vom Feuerzauber der 'Zigeuner' der alten Sagen überzeugt sind, so reicht die Reaktion auf solche Geschichten vom Glauben daran bis zum Fürmöglichhalten. Dabei handelt es sich hier um eine Wandersage, die wie die alten traditionellen Sagen neben der mündlichen eine breite schriftliche Verbreitung durch die periodische Presse wie auch spezielle Sammlungen findet[124]. So soll die zitierte Geschichte einem Ehepaar aus Deutschland während ihrer Ferien in Ägypten passiert sein[125]; nicht um ein Ehepaar, sondern um einen LKW-Fahrer und seinen Sohn handelt es sich in einer deut-

---

121 Büchli (wie not. 86) t. 2, 113f.

122 Brunvand, J.H.: The Vanishing Hitchhiker. American Urban Legends and Their Meanings. New York/London 1981.

123 Fix, U.: Moderne Sagen in der DDR. In: Fabula 35 (1994) 94-109, hier 103.

124 cf. Petzoldt, L.: Phantom-Lore oder: Vom Glück des Sammlers beim Finden. In: Österreichische Zeitschrift für Volkskunde 92, Neue Serie 43 (1989) 24-32, bes. 29-31.

125 Brednich, R.W.: Die Maus im Jumbo-Jet. München 1991, num. 53.

schen Version, die in der Türkei lokalisiert ist; in der polnischen Variante dieser Geschichte geht es wieder um ein angefahrenes 'Zigeunerkind', einen Fernlastfahrer und dessen Sohn[126]. Der Realitätsanspruch entspricht der Herkunftsgeschichte der Graubündner Familie Foppa. Zwar wird immer wieder beteuert, die Geschichte sei wahr, doch bei Nachfrage stellt sich heraus, daß es doch nicht der Freund des Freunds war, dem die Geschichte passiert sein soll, sondern ein weiterer Bekannter und dann noch einer usw. usw. Die Funktion ist hier eine ähnliche wie in den alten Sagen: Es wird gewarnt - vor Reisen in die Fremde im speziellen Fall und allgemein vor Fremden überhaupt. Diese Erzählungen sind durch ihren Glaubwürdigkeitsanspruch bei weitem gefährlicher als böse Witze über Minderheiten, bei denen jeder weiß: ein Witz ist erfunden. Es sind auch keine Geschichten über die anderen, sondern die Geschichten derjenigen, die sie erzählen. Ihre Unsicherheiten, Gefühle, Meinungen, Ängste spiegeln sich darin wider und werden auf die Fremden projiziert. Und darüber hinaus entlarvt das Erzählen solcher Geschichten auch nicht offen eingestandene, unbewußte rassistische, fremdenfeindliche Tendenzen, wenn sie von Menschen erzählt werden, die ansonsten nie etwas Fremdenfeindliches äußern würden, da sie progressiv, zivilisiert usw. sind: Folklore als Vehikel der Stereotypen. In einem offiziellen System, das über demokratische Strukturen verfügt, werden Vorurteile mehr oder weniger zurückgewiesen, doch populäre Überlieferungen bleiben ein Kanal für Äußerungen, die offiziellen Instanzen nicht unterstehen[127].

Als aktuell erweisen sich darüber hinaus aber auch noch alte Geschichten, und nicht nur in Graubünden wie im Fall der Familie Foppa: Ende 1991 stellten in einigen norddeutschen Orten, u.a.in den niedersächsischen Landkreisen Rotenburg und Verden sowie im Emsland, Ladenbesitzer Besen vor die Tür. Nach ihrer Meinung sollten damit Sinti oder Roma davon abgehalten werden, ihre Läden zu betreten[128]. Nur:

---

126 Simonides, D.: Moderne Sagenbildung im polnischen Großstadtmilieu. In: Fabula 28 (1987) 269-278, hier 274f.

127 Holbek, B.: Stories about Strangers (Vortragsmanuskript, Innsbruck 1992)

128 cf. z.B. Paul, R.: Blühender Aberglaube im 20. Jahrhundert. Mit dem Besen gegen Sinti und Roma. In: TAZ (8.1.1992); Bußmann, W.: Mit Besen gegen Sinti und Roma. Wie man in norddeutschen Kleinstädten Asylsuchende abwehrt. In: pogrom 169 (1993) 12.

die Roma kannten diese Vorstellungen gar nicht, sie gingen ein und aus wie zuvor. Auch deutsche Sinti fühlten sich überfordert, diesen Volksglauben zu erklären, sie wußten ebenfalls nichts davon und zeigten sich irritiert über 'den heidnischen Glauben dieser Menschen'. Ja, diese Zigeuner fragten sogar, ob die Besen zu verkaufen wären[129].

Was war passiert? Wieder einmal war aus dem alten Traditionsbestand eine Geschichte auf Roma und Sinti übertragen worden. In den massenhaft überlieferten Hexensagen der Sammlungen des 19. Jahrhunderts wie in Berichten über Bräuche aus demselben Zeitraum spielt der Besen eine besondere Rolle: Zum einen erscheint er als ein spezifisches Hexenattribut, z.B. beim Flug der Hexen zum Sabbat in der Walpurgisnacht, zum anderen als probates Mittel, sich gegen Hexen aller Art zu schützen. Darüber hinaus wurden dem Besen weitere Schutzfunktionen zugeschrieben. In dem vom Forschungsstand überholten, sich vorwiegend auf Quellen des 19. Jahrhunderts stützenden "Handwörterbuch des deutschen Aberglaubens" heißt es, daß ein aufrecht an die Haustür oder vor den Stall gestellter Besen in einigen Regionen ganz allgemein Schutz gewähren sollte, in anderen nicht nur vor Hexen, sondern auch vor Druden, Alpen und Wöchnerinnen[130]. Und, so heißt es dort unter Angabe eines schlesischen Belegs weiter, auch vor 'Zigeunern'. Doch dies erwies sich nach Überprüfung des Belegs als ein Versehen: die Anmerkungen waren verwechselt worden. Der angegebene schlesische Nachweis betrifft Besen und Wöchnerinnen. Die nächste Anmerkung jedoch für die Vorstellung, daß in Westfalen und Niedersachsen der aufrecht an die Tür gelehnte Besen in Abwesenheit seiner Bewohner das Haus vor jedem Fremden verschließe, enthält einen, so scheint es, singulären Beleg aus den Alpen, nach dem 'Zigeuner' an einem aufrecht stehenden Besen nicht vorbeigehen konnten[131], während der folgende Beleg eine wendische Vorstellung zum Schutz gegen einen schädlichen Einfluß der 'Zigeuner' durch einen auf die Schwelle geleg-

129 Nach mündlichen Mitteilungen in den betreffenden Regionen wohnender Sinti .

130 Haberlandt, A.: Besen. In: Handwörterbuch des deutschen Aberglaubens 1. Berlin/ Leipzig 1927, 1129-1147, hier 1136.

131 Vernaleken, T.: Alpensagen. Volksüberlieferungen aus der Schweiz, aus Vorarlberg, Kärnten, Steiermark, Salzburg, Ober- und Niederösterreich. Wien 1858, 417 (aus Kärnten).

ten und mit Salz bestreuten alten Besen betrifft[132]. Sind nun schlesische oder wendische Traditionen in Norddeutschland wiederaufgelebt oder wurden niedersächsische Volksglaubensvorstellungen hinsichtlich der Ab-/ Anwesenheit der Eigner verändert (wobei allerdings die Abwehr von Fremden auch einen Teil der von den Ladenbesitzern erwünschten Kundschaft treffen würde)? Oder glaubten nun die Ladenbesitzer an Hexen, mit denen Besen am häufigsten verbunden wurden, und sind der Überzeugung, daß 'Zigeuner' Hexen seien? Doch hier spielt weniger eine Rolle, welcher Volksglaube aus welcher Region neuen Bedürfnissen adaptiert wurde, wesentlich ist, daß es sich in allen Fällen um Denkweisen der Mehrheitsbevölkerung handelt - wiederum ein Zeugnis zur Geschichte i h r e r Mentalität. Die aufrecht gestellten Besen in Norddeutschland liefern ein aktuelles und nachvollziehbares Beispiel für das Phänomen, daß Elemente der eigenen Vorstellungswelt auf die anderen übertragen und als auch ihnen zugehörig ausgegeben werden. In etwa hundert Jahren könnte es in Sagensammlungen heißen: "In seiner Jugendzeit, so erzählte mein Großvater aus dem Emsland, kannten die Zigeuner noch Abwehrmittel gegen aufrecht stehende Besen." Doch dieses Mal wären wir bei der Entstehung einer Sage über Sinti und Roma dabeigewesen.

132 nach Veckenstedt, E.: Wendische Sagen, Märchen und abergläubische Gebräuche. Gesammel und nacherzählt [...]. Graz 1880, 468 (4); die beiden weiteren Belege bei Haberlandt (wie not. 130) Müller-Rüdersdorf, W.: Aberglaube und Volksmeinung im Isergebirge. Friedberg 1920, 468 und Grohmann, J. V.: Aberglauben und Gebräuche aus Böhmen und Mähren 1. Leipzig 1864, num. 830 konnten nicht überprüft werden.

Günter Oesterle

'Zigeunerbilder' als Maske des Romantischen

Der Befund ist eindeutig. Bislang weitgehend ausgegrenzte und diffamierte Randgruppen der Gesellschaft werden in die romantische Dichtung poetisch integriert - mit einer freilich bemerkenswerten Ausnahme, nämlich den Juden[1].

Die poetische Entdeckung der Geringen, der, wie man damals formulierte, "unehrlichen Leute"[2], war sozial derart wirksam, daß die damalige gesellschaftliche Stigmatisierung z.B. der Nachtwächter, der Schausteller, der Hirten, der Müller, der Scharfrichter und Abdecker heute kaum mehr nachvollzogen werden kann[3]. Noch um 1800 fühlte sich Bernhardi, der Freund der Romantiker, bemüßigt, die stoffliche Wahl seines Einakters "Der edle Nachtwächter" zu rechtfertigen; er suchte den "Einwurf" zu entkräften, warum er - wenn schon "Vorurteile zu bekämpfen seien - nicht Stände darstelle, die "noch unter diesem Nachtwächterstand" stünden. Die Antwort gibt Auskunft über das damalige zeitgenössische Tabu: "Allein diese (so argumentierenden) Männer mögen wohl bedenken, daß in der Kunst doch immer etwas idealisiert werden muß, und daß *bis jetzt sich mir kein Weg entdecken will,* jene erwähnten (niedersten) Stände in ein Kunstwerk, ohne Schaden der feinern Empfindung zu verflechten"[4]. Die Romantiker brachen mit dem Tabu der Verletzung 'feiner' Empfindung. Sie wagten es, niederste Stände, unehrliche Leute, ebenso wie die verfemte und verfolgte Gruppe der 'Zigeuner' darzustellen. Nicht nur edle Ausnahmen wurden poetisch gestaltet, vielmehr eröffnete sich mit der sozialen Grenzerweiterung im Ästhetischen

---

1 Vgl. Günter Oesterle: Juden, Philister und romantische Intellektuelle. Überlegungen zum Antisemitismus in der Romantik. In: Athenäum. Jb. für Romantik. Jg. 2. Hg. v. Ernst Behler u.a. Paderborn 1992, S. 55-89

2 Vgl. Werner Danckert: Unehrliche Leute. Die verfemten Berufe. Bern 1963

3 Vgl. Jutta Nowosedtko: Scharfrichter und Abdecker in Bayern (1500-1800). Der Alltag zweier "unehrlicher Berufe". In: Theorie, Literatur und Sozialgeschichte. Paderborn 1995

4 Johann Christian August Ferdinand Bernhardi: Bambocciaden, 3. Teil. Berlin 1800

ein Spielraum zwischen Häßlichem, Schönem, Komischem und Tragischem bis hin zum Wahnsinnigen, Bösen und Heiligen. Einer solchen ästhetischen Vielgestaltigkeit schienen die 'Zigeuner' entgegen zu kommen, nicht ihrer ethnokulturellen Fremdheit, sondern ebenso ihres legenden- und mythenumwobenen Eintritts in das Blickfeld des Europäers wegen. Die wissenschaftliche Literatur der Aufklärung hatte die Ursprungslegenden der büßenden und wallfahrenden Zigeunerpilger zunehmend bezweifelt[5]; die Romantiker griffen diese Legenden erneut auf und schufen mythisch überhöhte Bilder. Zu denken ist vornehmlich an Achim von Arnims Novelle "Isabella von Ägypten" und Clemens Brentanos "Romanzen vom Rosenkranz". Sie übernahmen die am Eindrücklichsten von Grimmelshausen gestaltete Hexen- und Teufelswelt der 'Zigeuner'[6], wenn auch teils entböst und partial entdämonisiert. Zu denken ist dabei etwa an Arnims "Philander unter den streifenden Soldaten und Zigeunern im dreißigjährigen Kriege" und Eichendorffs "Dichter und ihre Gesellen". Vor allem aber verliehen sie Miguel de Cervantes "Preziosa", dem bildschönen Zigeunermädchen, immer wieder neue Gestalt: als Bella, Mitidika, als Kordelchen, Emanuela und Chiara (E.T.A. Hoffmann), als Erwine bei Eichendorff oder als Elisabeth in Mörikes "Malter Nolten".

Sucht man, in Anlehnung an die Stereotypenforschung, nach einem 'authentischen' oder gar realistischen Bild der 'Zigeuner' in der deutschen Romantik[7], wird man notgedrungen enttäuscht. Denn die romantische Kritik an der Verfolgung der 'Zigeuner', die Vergleichung ihres

---

5 Der Statistikprofessor H.M.G. Grellmann weist in seiner häufig zitierten und viel gelesenen Studie: Die Zigeuner. Ein historischer Versuch über die Lebensart und Verfassung, Sitten und Schicksale dieses Volks in Europa, nebst ihrem Ursprunge. Dessau und Leipzig 1783, S. 123, 117 und S. 7, nach, daß die in "Chroniken" verbreiteten Geschichten, meist als "alberne Sagen", diktiert von "Vorurteilen" zu qualifizieren seien. Zu solchen Geschichten zählt er die Legende, "daß die Zigeuner Ägyptische Pilgrime wären, die der Religion wegen außer ihrem Vaterlande wallfahren mußten" und deshalb "heilig" wären.

6 Vgl. die Kontroverse zur These Robert Jüttes über die "heimliche Bewunderung Grimmelshausens für das Zigeunerleben" (R.J., Vagantentum und Bettlerwesen bei Hans Jakob Christoffel von Grimmelshausen. In: Daphnis, Bd. 9. H.1. 1980, S. 109-131. Dagegen besteht Andreas Solbach (Macht und Sexualität der Hexenfigur in Grimmelshausens Courasche. In: Simpliciana. Bd. VIII, Bern 1986, S. 86) "auf der zigeunerfeindlichen Haltung Grimmelshausens".

7 Ines Köhler-Zülch, Die Heilige Familie in Ägypten, die verweigerte Herberge und andere Geschichten von Zigeunern: Selbstäußerung oder Außenbilder? In: Daniel Strauß (Hrsg.): Die Sinti/Roma Erzählkunst. Heidelberg 1992, S. 82; und speziell zur Romantik, S. 53f.

Schicksals gar mit der Passion Christi[8] hat keineswegs eine im Sinne der Aufklärung mögliche ideologiekritische Destruktion der in Geschichten den "Zigeunern" unterstellten Schuld zur Folge. Im Gegenteil. Die romantischen Schriftsteller suchen diese legendären Geschichten als poetische Vorgabe in alten Büchern wieder auf, gestalten sie neu, verweben sie in andere Kontexte, entsühnen und entbösen sie in dem Wissen, daß Gerüchte, Vorurteile, Legenden nicht zerstört, sondern nur umgelenkt werden können. Die Suche nach einem 'realistischen' Zigeunerbild in der Romantik führt entsprechend in eine Sackgasse. Nicht aus Erfahrung oder gar empirischer Feldforschung (auch wenn sie manchmal dergleichen fingieren)[9] speist sich die romantische Darstellung der 'Zigeuner', sondern aus *Umschriften der Literatur,* europäischer Literatur der verschiedensten Gattungen, sei es des italienischen Volkslieds "La Zingara", des deutschen Flugblattdrucks "Das Feuerbesprechen", des rumänisch inspirierten Zigeunerliedes "Mitidika" oder der die meisten Vorurteile gegen die 'Zigeuner' rekapitulierenden Volksballade vom "Star und dem Badewännlein". Diese Umschriften alt-überlieferter Geschichten und Dichtungen über die 'Zigeuner' sind - und das ist die hier vorzustellende These - nicht allein poetisch artistische Anverwandlungen exotischer Genres in einer poesiearmen Gegenwart, sie sind vielmehr und vor allem motiviert als Reflexionsmedium der eigenen Dichterexistenz. Die verfolgten 'Zigeuner' werden zum Modell und zur Metapher der gefährdeten romantischen Poesie sowie der prekären Schreibsituation romantischer Schriftsteller. Spätestens seit dem im 17. Jahrhundert einsetzenden Disziplinierungsschub gilt die Freizügigkeit der Studierenden, der Fahrenden, der Schauspieler und eben der 'Zigeuner' als eine poetische Lebensweise, die - wie ein Brief Bettinas an die Gründerode nahelegt[10] - der Welt der Philister opponiert. Zum Motiv

---

8 So z.B. in Achim von Arnims Gedicht "Das Feuerbesprechen". In: Des Knaben Wunderhorn. Teil I. Heidelberg 1806, S. 21-22. Vgl. Jakob Koemen: Die Grimmelshausen-Rezeption in der fiktionalen Literatur der deutschen Romantik. Amsterdam 1993, S. 356

9 So heißt es z.B. in der "Anrede an meine Zuhörer im Herbste 1811" (zur Novellensammlung von 1812): Mit kleiner Abänderung kann ich sie auf Euch anwenden Ihr Zuhörer (und Leser) der märchenhaften Geschichten, die ich droben im Gebirge einem Zigeuner abhörte". (Achim von Arnim: Sämtliche Erzählungen 1817. Hg. v. Renate Moering. Bd. 3, Frankfurt 1990, S. 119)

10 Vgl. Brief der Bettina an die Gründerode, Offenbach, Mai 1805 in: Bettina v. Arnim: Die Gründerode, Teil I, Grünberg/Leipzig 1840, S. 160

der Freizügigkeit tritt eine weitere für die Romantik bedeutsame Mentalitätszuschreibung: die vielbeschworene List der 'Zigeuner', ihre Raffinesse, ihre Tarnung, ja vor allem ihre Fähigkeit, sich den "Mardern und Füchsen" vergleichbar[11] dem *Zugriff der Anderen zu entziehen.* Die den 'Zigeunern' zugeschriebenen Eigenschaften des Schweifenden, nicht Fixierbaren, Sich-Entziehenden bleiben nicht an der motivlichen Darstellungsoberfläche haften; sie durchdringen subkutan die gesamte romantische Poesie, so daß zugespitzt behauptet werden kann, das Romantische habe eine Affinität zum Zigeunerischen. Schon früh bemerkt die zeitgenössische Kritik die Infizierung eines gesamten Werkes durch das Motivfeld der 'Zigeuner'. Wilhelm Grimm stört an Achim von Arnims Zigeunerlegende "Isabella von Ägypten", "verborgene Türen von allen Seiten zu öffnen" und damit die "Begrenzung "einer geschlossenen in sich vollendeten Geschichte" zu unterminieren[12]. Die Konjunktur der 'Zigeuner'darstellung in der Romantik läßt sich also bis in die 'Produktionsästhetik' verfolgen. Die Verwendung des 'Zigeuner'motivs als Medium maskierter poetischer Selbstauslegung tritt bei Clemens Brentano eindringlich zutage.

In der 1815 vollendeten Erzählung Brentanos, "Die mehreren Wehmüller", wird ein 'Zigeuner' geschildert, der zunächst für Chaos in einer geselligen Runde sorgt, um dann "wie ein zweiter Orpheus nach seiner Violine" zu greifen und durch sein rührendes Spiel und seinen Gesang alle dahin zu bringen, "daß niemand widerstehen konnte und bald alles stille ward." Ein anwesender Dichter "sprang auf den Sänger zu und umarmte ihn mit den Worten: "O, das ist groß, das ist ursprünglich! Bester Michaly, wollen Sie mir Ihr Lied wohl in die Feder diktieren?" - "Nimmermehr!" sagte der Zigeuner, *"so was diktiert sich nicht,* ich wüßte es auch jetzt nicht mehr, und wenn Sie mir den Hals abschnitten."[13] In diesem die Oralität noch im Duktus bewahrenden Ausspruch

---

11 Schon in Grimmelshausens Roman "Der seltsame Springinsfeld" (Nürnberg 1670) werden die Zigeuner mit "Marder(n) und Füchse(n)" verglichen, "welche in ihrer Freyheit leben und auf den alten Kayser, doch vorsichtig und listig genug, hinein stehlen" (34, 813). Eichendorff hat dann in seiner Novelle "Dichter und ihre Gesellen" (Berlin 1834) diese Wendung übernommen. Vgl. Koemen Anm. 8), S. 344f.

12 Achim von Arnim und Jacob und Wilhelm Grimm. Bearbeitet von Reinholf Steig. Stuttgart und Berlin 1904, S. 188

13 Clemens Brentano: Die mehreren Wehmüller. In: ders., Sämtliche Erzählungen. Hg. v. Gerhard Schaub. München 1984, S. 160

("so was diktiert sich nicht") ist die Skepsis des 'Zigeuners' Michaly und des Schriftstellers Brentano gegenüber einer Verschriftlichung und das heißt Verfügbarmachung "extemporierter" Poesie eingefangen. Es scheint mir nicht von ungefähr, daß Brentanos im Produktionsumfeld der zitierten Erzählung "Die mehreren Wehmüller" entstandener 'Entsagungsbrief' vom 15. Februar 1815, den er an Wilhelm Grimm adressiert und in dem er die Verfehlung seiner "dichterischen Bestrebungen" beklagt, im Postscript mit der Bitte endet, Jakob Grimm möge ihm aus Wien "den alten Trauergesang der Zigeuner" beschaffen - einen Gesang, "den sie aus großer Trauer nicht anders, als durch Gewalt, unter heftigem Leidwesen, zu singen bewogen werden können"[14]. Die Zusammenstellung eines Segments der Erzählung und einer Briefstelle legen eine Deutung nahe, die wir im folgenden ausführlicher erörtern möchten. Die Erneuerung romantischer Poesie erhoffen sich die romantischen Schriftsteller bekanntlich vom Studium der Volkspoesie, dazu zählt insbesondere auch die improvisierende Kunstausübung der 'Zigeuner': ihre Verbindung von Musik, Tanz und Lied im Stegreifgedicht. Die Adaption des Fremden zu eigenen Zwecken führt freilich in eine Aporie: die Unmöglichkeit professioneller, auf Schriftlichkeit ausgerichteter Dichter, sich dem Vorbild und Ideal mündlicher Stegreifdichtung gemäß zu verhalten. Die Klage der 'Zigeuner' über ihr Elend mischt sich mit der romantischen Klage um das Ende der Poesie.

Zur ersten These, die verfolgten 'Zigeuner' würden zur Metapher für die gefährdete romantische Dichterexistenz, tritt konsequent die zweite These. Sie bedient sich der Figur der Übersetzung (bekanntlich hat Clemens Brentano in seinem Roman "Godwi" Romantisieren mit Übersetzen gleichgesetzt) und lautet: Durch die Übersetzung der eigenen Schreibsituation in das als vorbildhaft empfundene Medium der ungezwungenen, extemporisierenden 'Zigeuner'dichtung kommt die Prekärität der eigenen romantischen Poesie zur Anschauung; durch die Übertragung in ein extrem Fremdes, Anderes, die Welt der 'Zigeuner', positioniert sich die romantische Poesie gleichsam auf Messers Schneide. Schließlich führt drittens dieser Umweg, die eigene Problematik im

---

14 Clemens Brentano: Briefe. Hg. v. Friedrich Seebaß. Bd. 2. Nürnberg 1951, S. 128f.

Fremden und Anderen der 'Zigeuner' darzustellen, zu einer polemischen Reaktion auf ein anderes Paradox, das die Ethnologie der Aufklärung produzierte. Die Sitten, Gebräuche, Lebensweisen und Künste der 'Zigeuner' werden in der Aufklärung erforscht, nicht um sie als Fremdes zu akzeptieren, oder als Anderes zum Medium der Selbsterkenntnis und -produktion zu gestalten, nein, die 'Zigeuner' sollen den aufgeklärten Normen angepaßt, sie sollen umerzogen werden. Die romantischen Schriftsteller studieren diese avancierte 'Zigeuner'forschung des 18. Jahrhunderts, um sie im Kern umzukehren. Wie sie diese Umkehrung zu bewerkstelligen trachten, soll im folgenden erörtert werden.

Zuvor scheint es allerdings angebracht, ein naheliegendes Vorurteil über die Gründe der Konjunktur des 'Zigeuner'motivs in den romantischen Schriften zu erörtern. Vor aller Selbstreflexion und Übersetzung eigener Problematik scheint folgende Überlegung viel näher zu liegen: Die poetische Aufwertung der bislang marginalisierten Randgruppen und insbesondere der 'Zigeuner' in der romantischen Literatur habe mit der Lust der Romantiker an Extravagantem und Abenteuerlichem, aber auch mit der Notwendigkeit des Exotischen für die romantische Dichtung zu tun. So jedenfalls sieht es Carl von Heister in seinen 1842 erschienenen "Ethnographische(n) und geschichtlichen Notizen über die Zigeuner". Seine Argumentation lautet, immer schneller werdende Verkehrsverbindungen machen "Europa immer einförmiger, langweiliger" und "unpoetischer". Die Künstler müssen sich beeilen, um noch "Zigeunerbanden malen zu können, wie sie sich nur selten noch im südlichen Spanien, in der Moldau und Wallachei, und Ungarn und Siebenbürgen, vielleicht auch noch in Schottland der Betrachtung bieten." Und nun entwirft er ein uns allen bekanntes exotisches Trivialbild der 'Zigeuner': "In einem hohen Eichenwalde zeigt sich, erhellt von gewaltigen Feuern, das seltsame Bild, anziehend durch schöne und kräftige Gestalten, abstoßend durch Schmutz, komisch durch den Kontrast von Flitterstaat und Lumpen. Da lagern schnurrbärtige Männer mit den ausdrucksvollsten Physiognomien, wo sich, man verzeihe den Ausdruck, das Verbrechen noch mit einer gewissen Würde präsentiert; hexenartige alte Weiber rühren in den Kesseln das Verschiedenartigste und Widerwärtigste durcheinander; nicht schöne, aber höchst reizende

Mädchen, die sich an Körper und Geist frei von unseren gesellschaftlichen Verschiebungen entwickeln konnten, führen in der frischesten Lebenslust und Lebenskraft, voll sinnlichen Mutwillens, graziöse Tänze nach schwermüthigen Melodien aus. Dazwischen nackte Kinder, ringsum Thiere aller Art, Hunde, Esel, Pferde, Maulthiere: Das alles bewegt sich bunt und laut und wild durcheinander." Und er endet dieses allzu malerische Genrebild: "Eben darin liegt das Anziehende, daß es noch einmal etwas Anderes, etwas Außereuropäisches ist"[15].

Oberflächlich betrachtet unterscheidet sich die Gegenwarts- und Kunstdiagnose der Romantiker nicht wesentlich von derartigen Aussagen über die moderne, gleichförmig werdende Lebensweise. Die Poesie der Gegenwart, so heißt es einhellig bei Friedrich Schlegel, Tieck und Achim von Arnim, sei arm dran. Ihr Fundus, ihre Basis, ihr Rekreationsfeld, nämlich die Feste, die Volkstänze und Volksmusik, die Riten, Zeremonien und Gebräuche gingen zunehmend verloren[16]. Selbst die Träger jeden mündlichen Erzählens, so schreibt Achim von Arnim, die wandernden Handwerker, die fahrenden Studenten, die Vaganten, Schausteller und landfahrenden Taugenichtse, würden immer mehr poliziert, reglementiert und gehemmt[17].

Blieb denn der Poesie überhaupt etwas anderes übrig, als ihr Glück im Exotischen, in "poetischer Ferne" zu suchen[18], nachdem die Welt der Gegenwart immer disziplinierter, verrechtlichter, erschlossener, spezialisierter und vor allem, wie von Arnim schreibt, "die Scheidung zwischen Freude und Bedürfnis" immer entschiedener vorangetrieben wurde[19].

---

15 Carl von Heister: Ethnographische und geschichtliche Notizen über die Zigeuner. 1842, S. 4 f.

16 Ludwig Tieck: Shakespeare's Vorschule. Bd. 1, Leipzig 1823, S. IX

17 Achim von Arnim: Von Volksliedern. In: Des Knaben Wunderhorn. Hg. v. Achim von Arnim und Clemens Brentano. Bd. 3, München 1984, S. 242

18 Friedrich Schlegel: Geschichte der alten und neuen Literatur. Vorlesungen gehalten zu Wien im Jahre 1812. In: Kritische Friedrich-Schlegel-Ausgabe. Hg. v. Ernst Behler. Bd. 6, Paderborn 1961, S. 275

19 Arnim (wie Anm. 17, S. 241

Wer aber diese Freude der Romantiker am Kolorit, am Atmosphärischen, am Duft des Fremden verwechselt mit Nostalgie und Flucht aus prosaischer Wirklichkeit der Gegenwart, der mißversteht die romantische Kunst und Poesie. Die poetische Adaption und Aufwertung der 'Zigeuner' in der romantischen Poesie hat wenig zu tun mit der sentimentalen Klage über eine ach so poesiefeindliche prosaische Welt; sie hat wenig oder nichts zu schaffen mit einer Regression in ferne exotische Welten. Im Gegenteil. Die romantische Aufwertung der 'Zigeuner' ist kein Fall für Kompensation und Nischen; sie führt mitten ins Herz der problematischen Gegenwart, und zwar auf doppelte Weise:

1. Die Romantiker durchschauen, daß die Identität der Einheimischen eine erzwungene ist und sich stabilisiert auf Kosten der ausgegrenzten Randgruppen, insbesondere auch der 'Zigeuner'.

2. Sie begreifen in eigener Sache die Überlebenstaktik der 'Zigeuner' als Modell für die Selbstbehauptung der romantischen Poesie.

Arnim erhebt nicht den moralischen Zeigefinger, wenn er von der Verfolgung der 'Zigeuner' spricht, sondern bringt die Sehnsucht der Einheimischen nach dem exotischen, wunderbaren Lebenswandel der 'Zigeuner' in Zusammenhang mit deren Vertreibung.

Ich zitiere diese Textstelle aus den Volksliedern, die Heinrich Heine so bemerkenswert fand, daß er sie in seine Schrift "Die romantische Schule" aufgenommen hat:

"Warum zieht es uns in Büchern an, was wir von den ersten Entdeckungsreisen, von den Weltfahrten, von ziehenden Schauspielern, insonderheit was wir von dem wunderbaren Wandel des *Zigeunerreichs* lesen, im Kriege echte Soldaten, im Frieden zutrauliche Ärzte (dessen die gelernten sich jetzt fast alle entwöhnt); ich erinnere mich noch ihrer nächtlichen Feuer im Walde, wie sie mir aus der Hand wahrsagten: und sagten sie mir etwas Gutes, so sage ich wieder Gutes von ihnen. Wie die kleinen Zwerge, wovon die Sage redet, alles herbeischafften, was sich ihre stärkeren Feinde zu Festen wünschten, sich selbst mit Brotrinden des Mahls begnügend, aber einmal für wenige Erbsen, die sie aus Not vom Feld nächtlich ablasen, jämmerlich geschlagen und aus dem Lande gejagt wurden, wie sie da nächtlich über die Brücke wegtrappelten, einer Schafherde zu vergleichen, wie jeder ein Münzchen niederlegen mußte und wie sie ein Faß damit füllten: so danken wir die mehrsten unserer Arzneien, den Zigeunern, die wir verstoßen und verfolgt haben. Durch so viel Liebe konnten sie keine Heimat erwerben!"[20]

Um die Selbstschädigung der Verfolger eindringlich zu charakterisieren, vergleicht Arnim das Schicksal der 'Zigeuner' mit den Zwergen, von denen eine heimische Volkssage erzählt. Arnim berichtet von dem kleinen Zwergenvolke, das lange Zeit den "Landesbewohnern sehr behilflich war", bis sie wegen eines verständlichen Deliktes "jämmerlich" verjagt wurden[21].

Wenige Jahre später, 1811, hat Ludwig Tieck die Arnimsche Übertragung der Sage von der Zwergenverjagung auf die 'Zigeuner' aufgegriffen, um eben diese Figur der Selbstschädigung in einem Märchen mit dem Titel "Die Elfen" anschaulich werden zu lassen. Im schärfsten Kontrast zu einer dort geschilderten heiteren, herrlich-lieblichen und fruchtbaren Landschaft liegt, so die Topographie des Märchens, abseits des Dorfes eine "finstere Gegend"[22], wo wahrscheinlich, wie die Einheimischen vermuten, "Zigeunervolk, die in der Ferne rauben und betrügen (...) ihren Schlupfwinkel haben"[23]. Wie erstaunt aber ein unschuldiges Bauernkind, als es diesen seinem Hof benachbarten Grund einmal betritt, daß diese "Zigeunerwohnung", diese von außen so erschauernden, "fast zertrümmerten Wirtschaftsgebäude", diese von Ferne erscheinenden "abscheulichen Weiber im zerlumpten Anzuge (...), auf deren Schoß ebenso häßliche und schmutzige Kinder sich wälzten"[24], in der Nähe sich plötzlich als ein bunter, fröhlicher Wundergarten der Elfen herausstellt, die Quelle alles Wohlstands der gesamten Gegend! Der durch Verrat notwendige Auszug der Elfen hat nicht nur die Verödung des Landes zur Folge, sondern stellt zugleich den Auszug des Wunderbaren aus der gemeinen Welt[25] und den Verlust poetischen Lebens dar.

---

20 Ebd., S. 242

21 Achim von Arnim an Clemens Brentano, 14.1.1805.

22 Ludwig Tieck. Die Elfen. In: Ders.; Phantasus. Hg. v. Manfred Frank. In: Ders.: Schriften. Bd. 6, Frankfurt/M. 1985, S. 208

23 Ebd., S. 307

24 Ebd., S. 308

25 Ebd., S. 328. Vgl. Günter Oesterle: Der Streit um das Wunderbare und Phantastische in der Romantik. In: Phantastische Welten. Märchen, Mythen, Fantasy. Hg. v. Thomas Le Blanc und Wilhelm Solms. Regensburg 1994, S. 115-130

In Tiecks Märchen "Die Elfen" gewinnt die romantische Überzeugung Gestalt, daß, wie bei den 'Zigeunern', das Außerordentliche nur noch in verkleideter, verhäßlichter "bizarrer" Gestalt überleben kann[26] - nur durch Tarnung kann sich die Poesie vor dem Zugriff einer feindlichen dominanten Welt retten.

Es lag ja immer schon nahe, die poetische Phantasie mit dem "hochpoetischen Leben der Zigeuner" in Zusammenhang zu bringen und Miguel de Cervantes' Novelle vom Zigeunermädchen "Preziosa" kann in dieser Richtung gelesen werden. In der romantischen Poesie findet aber eine bedeutsame Verschiebung dieser Übertragungs- und Gleichsetzungsfigur von Poesie und Zigeunerleben statt. Nicht mehr allein die Freiheit und Ungebundenheit der 'Zigeuner' ist das entscheidende Tertium comparationis zur Poesie, sondern die Überlebenstaktik eines nomadenhaften Volkes: List und Raffinesse treten in den Mittelpunkt des Interesses der romantischen Poesie. Die 'Zigeuner' werden zum Modell, zur Maske und Metapher für die von der Prosa der Verhältnisse bedrängte romantische Poesie.

Wie die 'Zigeuner' anerkennt die romantische Poesie keine Obrigkeit, wie diese benötigt sie tausend grenzüberschreitende Pässe, wie diese kennt sie viele Sprachen - auch Geheimsprachen-, wie diese verfügt sie über eine Menge geheimer Kenntnisse, Astronomie, Astrologie, Chiromentie, Wahrsagerei - wie diese nutzt sie den Aberglauben des Volkes. Der alte Friedrich Schlegel hat einmal spöttelnd gesagt: "Der Begriff des Romantischen (...) falle meistens ganz zusammen mit dem Begriff des Polizeiwidrigen"[27]. Recht hat er: Die moderne romantische Poesie ist ohne die zigeunerische Verbindung von List und Artistik nicht vorstellbar. Und doch ist die romantische Selbstsuche im Fremden der 'Zigeuner' mit dieser Schule der Überlebenstaktik noch nicht zu Ende.

---

26 Vgl. die Diskussion um die Notwendigkeit des Bizarren zwischen Mme de Stael und Achim von Arnim. Mme de Stael hatte im Blick auf Bettina Brentano behauptet "wer das Außerordentliche achten könne, dürfe das Bizarre nicht lieben". Arnim hatte, wie er an Bettina schreibt, darauf geantwortet, "das, wenn das Bizarre auch das Außerordentliche in der Welt meist nur nachäffe, häufig doch auch das Außerordentliche in dieser Bettlergestalt erscheinen müsse, wie Odysseus, weil ihn die stolzen Freier sonst nicht duldeten." Achim von Arnim und Bettina Brentano. Bearb. v. Reinhold Steig. Stuttgart 1913, S. 168

27 Schlegel (wie Anm. 18), S. 275

Neben der Einsicht in die Selbstschädigung des Aggressors, der sich mit der Vertreibung der 'Zigeuner' um sein Bestes - das Reich des Wunderbaren - bringt und nach der Entdeckung der zigeunerischen Existenz als Modell für die eigene bedrängte Poesie, folgt die dritte hoffnungsvolle Einsicht in die Möglichkeit der Erneuerung der eigenen Poesie durch Rückgriff auf die improvisatorischen Künste der 'Zigeuner', ihre seltene, mit der italienischen Volkskunst vergleichbare Verbindung von Tanz, Musik und Stegreifdichtung, also improvisierte Poesie.

Unbestritten ist, daß die Romantiker die Volkspoesie aus eigenem poetischen Interesse erforschten. Es ist inzwischen ebenso bekannt, daß sie dabei *nicht* empirische Feldforschung betrieben haben, also etwa über Land gezogen sind, um Volkslieder und Märchen unter der Bevölkerung zu finden. Achim von Arnim und Clemens Brentano haben bekanntlich Bibliotheken und Buchhandlungen nach volkspoetischen Quellen - auch nach Zigeunerliteratur - durchstöbert.

Sie werden fündig in der poetischen Literatur bei Cervantes, bei Grimmelshausen, gelegentlich auch, so vor allem Eichendorff in Goethes "Götz von Berlichingen", sie werden nicht weniger fündig in der quasiwissenschaftlichen Denunziationsliteratur von Sebastian Münster, Johannes Adventin, Jacob Thomasius und Georg Wagenseil. Den entscheidenden Fund tätigen sie aber erst, als sie auf ein im Geist der Göttinger Universitätsreform geschriebenes, ethnologisch interessiertes Werk mit dem Titel: "Die Zigeuner. Ein historischer Versuch über die Lebensart und Verfassung, Sitten und Schicksale dieses Volkes in Europa nebst ihren Ursprunge" von H. M. G. Grellmann stoßen. Das Interesse dieses Werkes an der ethnokulturellen Besonderheit der 'Zigeuner', an ihrer Sprache, ihrer Kleidung, Nahrung, Lebensweise, Gesundheit, an ihren Wohnverhältnissen, ihren Berufen, Fähigkeit und Künsten beruht nun keineswegs auf einem von den Romantikern programmatisch formulierten verstehenden Interesse am Fremden, sondern hat ökonomisch-etatistische Gründe. Gemäß dem damals häufig vertretenen kameralistischen Lehrsatz "daß eine größere Volksmenge für ein Land besser sei als eine geringere"[28], entdeckt der Aufklärer die 'Zigeuner' als ökonomisch wertvolles Material, um nun mit einem Umerziehungsprogramm ihre Identität zu gefährden.

---

28 Grellmann (vgl. Anm. 5), S. 140

Das erstmals in der Aufklärung aufkommende Interesse an der Ethnokultur der 'Zigeuner' ist für diese beinahe identitätsgefährdender als die früheren Verfolgungen. Denn in der Vormoderne hat man die 'Zigeuner' des Landes verwiesen, man hat sie verjagt und schikaniert, man hat sie sogar getötet, aber man hat ihre Lebensweise unberührt gelassen, ihre Identität nicht in Frage gestellt. Jetzt in der avanciertesten aufklärerischen Forschung[29] will man, den damals modernsten ökonomischen Theorien gemäß, die 'Zigeuner' nicht mehr vertreiben, man will sie *umerziehen* und damit ihre Identität zerstören. Versuche der Umerziehung und Ansiedlung der 'Zigeuner' unter Maria Theresia und Josef II. sind dem Autor Grellmann, Professor der Statistik in Göttingen, detailliert bekannt. Das Scheitern bisheriger Versuche spornt den ehrgeizigen Forscher Grellmann nun aber erst recht an, mit Akkuratesse und Detailversessenheit in die Sitten, Gewohnheiten, die Lebensweise und Sprache einzudringen, um diesen Umerziehungsprozeß doch noch zu einem - aus seiner Sicht guten Ende und Abschluß zu bringen.

Diese folgenreiche Problematik der aufklärerischen Wissenschaft, die als erste systematisch ethnologische, anthropologische und sprachwissenschaftliche Studien betreibt - mit der sublimen Absicht der Zer-

---

29 Grellmanns Studie ist bis weit ins 20. Jahrhundert als avancierteste Studie der Aufklärung zur Sprache und Lebensform der Zigeuner angesehen worden. 1984 hat M. Ruch dies in Zweifel gezogen, indem er nachzuweisen glaubte, daß der "erste Teil des historischen Versuchs" der Grellmannschen Studie "in geradezu schamloser Weise" die in verschiedenen Folgen erschienenen "kayserlichköniglich privilegierten Anzeigen aus sämtlichen K.u.K. Erbländern in den Jahrgängen 1775 und 1776" ausschlachtet. Ruch verschweigt dabei, daß Grellmann diese Fortsetzungsserie in seiner Studie 68 (!) Mal zitiert u.a. ausdrücklich mit folgenden Worten: "Dieses Schreiben findet sich in oft gedachten Anzeigen (6. Jhg. S. 166168)." (S. 151). Martin Ruch und diejenigen, die ihm kritiklos folgen, verkennen die wissenschaftshistorische Situation der Statistik an der Universität Göttingen um Achenwall, Schlözer und eben Grellmann. Empirische Feldforschung war damals nicht Sache der Statistik; Aufgabe der Statistik war hingegen die möglichst vollständige Heranziehung aller erreichbaren Schriften. Aus dieser statistikgeschichtlichen, wissenschaftshistorischen Sicht muß es als Grellmanns Leistung angesehen werden, die im norddeutschen Wissenschaftsraum weitgehend unbekannte Fortsetzungsreihe über die Zigeuner in den Wiener Anzeigen der internationalen wissenschaftlichen Öffentlichkeit bekannt gemacht zu haben. Vgl. Martin Ruch: Zur Wissenschaftsgeschichte der deutschsprachigen "Zigeunerforschung" von den Anfängen bis 1900, Freiburg 1986, S. 105 f. Ruch behauptet übrigens unrichtigerweise, Grellmanns Studie sei nur noch in der 2. Aufl. von 1787 in bundesrepublikanischen Bibliotheken zugänglich. Die 1. Aufl. von 1783, die u.a. Clemens Brentano in seiner Bibliothek besaß, ist u.a. in der Staatsbibliothek Wiesbaden vorhanden.

störung dieser Kultur - ist die zentrale Provokation für die beiden Romantiker. Wir haben das erstaunliche Phänomen vor uns - Achim von Arnim und Clemens Brentano benutzen diese materialreiche Quellensammlung Grellmanns wie keine andere, aber sie zerstören die dort gefällten Urteile, Beurteilungen und Denunziationen mit allen Mitteln der Parodie, der Ironie, der Satire, der karnevalesken Verkehrung, ja auch der direkten offenen Umwertung.

Grellmann weiß von der Kunstausübung der 'Zigeuner' in Musik und Poesie folgendes zu berichten:

"Musik ist unter allen die einzige Kunst, an der dieses Volk wirklich einen beträchtlichen Antheil hat. Sie dichten zwar auch, und das nach Weise orientalischer Völker, aus dem Stegreife; und sind in der Walachey sogar die einzigen Inhaber dieser Kunst, wo sie ihre Verse, gleich Italiänischen Improvisatoren, immer mit Gesang und Musik begleiten."[30]

Diesem knappen Bericht folgt die abschätzige Aburteilung des aufklärerischen Poesierichters auf dem Fuße, ganz im Stil und Sinn von Nicolais Polemik gegen Herdes Volksliedkonzeption:

"Von welchem Schlage aber die Poesien dieser allzeit fertigen Dichter seyen, ist daraus zu ersehen, daß der Reim dabey die Hauptsache ist, zu dessen Behuf sie oft *die gröbsten Sprachfehler* begehen; und dann auch der Inhalt ihrer Gedanken gewöhnlich Gegenstände der Unzucht sind, die sie noch überdieß ganz im Ausdruck roher und unschlachtiger Menschen hersingen. Man braucht also eben kein großer Meister, kein Wieland, zu seyn, um über ihre Kunst den Stab zu brechen."[31]

Der Wissenschaftler Grellmann läßt natürlich keine Behauptung unbelegt und so zitiert er in einer Anmerkung den Bericht des damals bekannten Poetikers Sulzer aus dessen "Geschichte des transalpinischen Daciens". Sulzer berichtet dort mit kritisch-distanziertem Ton, die Ausübung von Musik und Dichtkunst sei bei den "alpinischen Walachen" "dem Mutwillen eines Sclaven, eines Zigeuners, preisgegeben. Dieser allein singet, spielet, und reimet; denn Knüttelverse und Zoten aus dem Stegreif hergesungen, kann ich doch wohl" - kommentiert Sulzer - "für keine Gedichte halten." Und nun zitiert er ein Beispiel dieser - wie er es

30 Grellmann (Anm. 5), S. 117

31 Ebd.

spöttisch nennt - "erhabenen Dichtkunst" -, um daran nun sofort in aufgeklärter Beckmesserei "ein(en) entsetzlich(en) Schnitzer wider die Sprachlehre" zu finden.[32]

Da nimmt sich nämlich solch ein Zigeuner um des Reimes willen die "kühne poetische Freiheit" und formuliert das Frag- und Antwortwerbespiel um, so daß es nicht mehr lautet, wie es korrekt rumänisch heißen müßte:[33]

Mitidika, Mitidika, wie'n üng quatsch
Ba nu, ba nu n'am tsche se fak

sondern

Mitidika, Mitidika, wie'n üng quatsch
Ba nu, ba nu n'am tsche fatsch

d.h. der Stegreifdichter "macht flugs" "aus der ersten Person der verbindenden Art, die dritte in der anzeigenden. Also" fährt Sulzer übersetzend fort: statt "Kleine, Kleine, komme daher! Nein doch, nein doch ich habe nichts (dort) zu tun, sagt er" (der Stegreifdichter) inkorrekt, wie gesagt um des Reimes willen: "Ich habe nichts, was thust du".[34]

Clemens Brentano hat nun das bei Sulzer und Grellmann Gerügte rundum positiviert, er hat in noch größerer poetischer Freiheit als sein Zigeunervorsänger um des Reimes willen Sprachschnitzer über Sprachschnitzer gehäuft, um den Text aus jeder Art einsinnigen Sinnes zu befreien. Er hat das Werbespiel zweisprachig vorgeführt; er hat es erweitert durch die Abgrenzung des Ich und Du von den Fremden und Anderen, dem Er und Sie, und er hat durch das Spiel mit Kinder- und Kochreimen ein züchtig-unzüchtiges Liebeslied geschaffen, einen Zwiegesang nicht nur von Ich und Du, sondern auch von fremder Sprache und eigener, so daß man mit Recht sagen könnte, hier sei die poetische Idee von Novalis in seltener Weise erfüllt worden. Bei Novalis heißt es nämlich: "Gedichte bloß wohlklingend und voll schöner Worte - aber

32 Ebd., S. 117/118

33 Vgl. Adolf Heltmann: Rumänische Verse in Clemens Brentanos Novelle "Die mehreren Wehmüller oder ungarische Naitonalgesichter". In: Korrespondenzblatt des Vereins für Siebenbürgische Landeskunde. XLIX Jg. Nr. 8-9. Hermannstadt 1926, S. 91

34 Grellmann (s. Anm.) 5), S. 118

ohne allen Sinn und Zusammenhang - höchstens einige Strophen verständlich."[35] Damit haben wir auf anderer Ebene, nämlich im Schriftlichen selbst, das zuvor in der Erzählung benannte Problem der mündlichen Improvisationskunst "so was diktiert sich nicht" eingelöst - wir haben das Romantische als das Zigeunerische, d.h. als das Enthüllend-Verhüllende ausgemacht, etwa in dem Sinne wie Thomas Mann in den "Betrachtungen eines Unpolitischen, "den Künstler zum Zigeuner, zum Anderssein als die übrigen Menschen stempelt".[36]

Heraus kommt ein artistischer Text, der nicht nur ein Liebesspiel hinter Kinder- und Kochreimen versteckt, sondern zugleich eine hochpolitische Satire hineingeheimnist. Brentano nutzt nämlich, so hat kürzlich Hans-Jürgen Schrader nachgewiesen, die ersten vier Zeilen verstümmelten Rumänisch, um in verstümmeltem Deutsch eine Satire auf die Donaumonarchie, auf Wien und Ung - (arn) - Quatsch, auf die Tschechei und ihrem Stammvater Libu einzuschwärzen[37]. So gelesen ist das Gedicht zugleich ein Abgesang auf Wien, wo ja Er und Sie auch für Brentano autobiographisch Schimpf und Fremd sprachen; so gelesen, und Brentanos Briefe aus Wien bestätigen diese Deutung nur allzusehr, bezöge sich das "Saus und Braus" auf die Lebensart der Österreicher und die Zeilen "In dem Topf hat's nimmer Ruh" und "Daß es mir nicht Überlauf" wäre, während der Wiener Kongreß tagte, nachgerade eine prophetische Warnung.

An dieser Stelle der Argumentation könnten wir einhalten. Die Verwendung des 'Zigeuner'motivs als Reflexionsmedium der eigenen Schriftstellersituation und Schreibproblematik hat in der Romantik eine Reihe nicht nur poetologisch innovativer Aspekte hervorgebracht. Die Selbstschädigung der Aggressoren wurde aufgedeckt; der den 'Zigeunern' unterstellte Teufel- und Hexenpakt wurde entdämonisiert und in burlesk-komische Darstellung überführt; die superiöre Meinung mancher Aufklärer, die 'Zigeuner' seien noch halbe Wilde, wurde durch die poetische Darstellung mignonartiger Naturkinder in sein Gegenteil

---

35 Novalis: Briefe und Werke. Hg. v. E. Wasmuth. Bd. 3, Heidelberg 1963, S. 628

36 Thomas Mann: Betrachtungen eines Unpolitischen, S. 403

37 Clemens Brentano: Die mehreren Wehmüller und ungarische Nationalgesichter. In: Ders.: Erzählungen. Hg. v. Gerhard Kluge (C.B. Sämtliche Werke und Briefe), Bd. 19, Stuttgart 1987, S. 288 f. und S. 691

verkehrt. Schließlich wurde der Sündenfall der 'Zigeuner', ihre in einer Legende verbreitete Schuldzuweisung gegenüber der notleidenden heiligen Familie narrativ bewältigt und entsühnt. Am wichtigsten aber war, daß die romantische Poesie durch die Affinität zum Zigeunerischen aus der ihrer bedeutungsschweren didaktischen Verantwortung entlassen und wieder freigesetzt wurde zum Spiel, zur Improvisation und zur Maskierung hintergründiger Wahrheiten. Zusammenfassend könnte man sagen, daß die auf der Handlungsebene dargestellte Raffinesse der 'Zigeuner', sich den ihnen fremden Gesetzen und Konventionen zu entziehen, auf die poetologische Ebene übertragen wurde.

Horst Peter Neumann hat nun aber auf eindrückliche Weise die Zwielichtigkeit dieser romantischen List im Umgang mit modernen prosaischen Verhältnissen bewußt gemacht. In einer Studie zu Achim von Arnims "Isabella von Ägypten" zeichnet er die "romantische Sakrifikation" von Isabella nach[38], vergißt aber dabei nicht das Gegenbild dieses zur Heiligkeit verdichteten 'Zigeuner'schicksals gleichzeitig zu unterstreichen.

Denn die Geschichte der "Isabella von Ägypten" erzählt nicht nur eine 'Zigeuner'sage und überhöht sie zur Legende; in ihr spielen künstlich geschaffene Gestalten wie Alraune, Golems und Bärenhäuter eine nicht weniger bedeutende Rolle. Ihr Wesen aber ist nicht notwendige List und Raffinesse, sondern Trug und Schein; sie sind vom Geld ausgeheckt und sind selbst wieder getrieben von "schnöder Macht- und Geldlust"[39].

Neumann verschweigt nicht, daß diese 'unheiligen' Gestalten von einem latenten Antisemitismus geformt und getragen sind und daß der Dichter eben in diesem geld- und machtspekulierenden Verhalten zur Zeit Karls des Fünften *die Anfänge der "deutschen Misere" der eigenen Gegenwart* zu sehen glaube[40].

Schlagartig wird klar, daß in der Erzählung Achim von Arnims zwei ethnische Minderheiten, die 'Zigeuner' und die Juden, offen und verdeckt verschiedene, z.T. alternative Aufgaben und Funktionen zugesprochen erhalten. Ihr Tun und Lassen werden als alternative Weltent-

---

38 Peter Horst Neumann: Legende, Sage und Geschichte, Achim von Arnim "Isabella von Ägypten". In: Jb. der Deutschen Schillergesellschaft 12. Jo. 1968, S. 309

39 Ebd.

40 Ebd.

würfe, als Natürlichkeit und Künstlichkeit, als Legende und Historie, als Poesie und Prosa, als Macht des Poetischen und Macht des Geldes voneinander abgegrenzt und doch zugleich als aufeinander verwiesen dargestellt. Keine romantische zigeunerische poetische Welt, die nicht ihr Gegenteil mitproduzieren würde!

Die romantischen Schriftsteller liebten das Experiment. Sie ersannen meist im Wettstreit untereinander, die extremsten, unwahrscheinlichsten, künstlichsten Konstellationen und kontrastivsten Konfigurationen. "Isabella von Ägypten" zeugt von einem derart kühnen Unternehmen. Die Versuchsanordnung dürfte in diesem Falle gelautet haben: wie war es poetisch zu bewerkstelligen, daß eine junge Frau von 16 Jahren in einem Milieu von Prostitution und Kuppelei sich von einem Manne unbefangen ein Kind wünschen und dabei rein und naiv bleiben konnte? Eine derartige Unwahrscheinlichkeit war nur plausibilisierbar in einer von der Welt gänzlich abgeschnittenen Situation, einer Kaspar-Hauser-Konstellation - eben der einer sich in einem Versteck aufhaltenden 'Zigeuner'königstochter. Vergleichbar Kühnes sollte im Bereich des negativ Häßlichen geleistet werden: das Unnatürliche, Unnormalste, ein künstlich hergestelltes kleines Monstrum, ein Alraun, sollte in einem bestimmten gesellschaftlichen Milieu als ganz normal und alltäglich angesehen und eingestuft werden können! Dieses Kunststück gelingt durch problematische Anleihen bei der Kollektivvorstellung vom fremdartigen und doch bekannten Habitus der Juden. So werden in Arnims Erzählung die beiden ethnischen Minoritäten in gleicher Weise instrumentalisiert: die 'Zigeuner' dienen als Medium einer problematischen Kritik an der modernen Geldwirtschaft. So erklärt es sich, daß mit der poetischen Transformation der Vorurteile gegen die 'Zigeuner' keineswegs die latenten Unterstellungen gegenüber den Juden abgebaut, sondern eher noch gesteigert werden.

Andreas Freudenberg

Das Motiv der Geige in Märchen von Sinti und Roma

Ich beginne mit drei Rätseln: Was ist das? Ein Ding, das menschliche Ohr zu kitzeln, indem man einen Pferdeschwanz an Katzengedärm reibt. Oder: Ein Hölzchen, vier Stäbchen, ein Stäbchen, viel Härchen. Sie rufen zum Tanze, verliebte Paare. Oder: Was ist das? Im Wald ist es gewachsen, in die Stadt ist es gekommen und allen Leuten verdreht es den Kopf. Die Frage ist: Welches dieser drei Rätsel stammt nicht von einer Rom-Feder? Es ist das erste. Das hat der amerikanische Satiriker James formuliert. Aber mir hat es gefallen und ich wollte es ganz bewußt an den Anfang stellen als kleiner Stachel gegen die romantische Soße, die sich allzu gerne ausbreitet, wenn man drei Worte miteinander kombiniert: 'Zigeuner', Märchen und Geige. Ich spreche über das Motiv der Geige in Märchen von Sinti und Roma, allerdings nicht als Ethnologe oder Märchenforscher. Ich befasse mich nebenberuflich mit dem Fremdbild zu Sinti und Roma, also den Assoziationen, die wir mit Sinti und Roma verbinden. Besonders leidenschaftlich rücke ich dem romantischen Zigeunerklischee zu Leibe. Zur Erläuterungen dessen, was ich meine, will ich mich auf ein Beispiel beschränken, denn nur ungern wiederholt man Zitate, die hier allzu gerne reproduziert werden und sich sowieso schon genügend in uns verfestigt haben.

Im Jahr 1982 veröffentlichte Berta Liebermann, eine mir unbekannte Autorin, unter dem Titel "Mit den Liedern der Zigeuner. Lyrik über ungarische Sinti", wie es im Untertitel heißt, die wohl kaum wegen ihrer literarischen Qualität vom Verlag übernommenen Verse. Die Autorin fragt, was es heißt, ein Zigeuner zu sein. Und dann, sich selbst davon selbstverständlich positiv abgrenzend, antwortet sie: "Gewiß nicht jene veraltete Vorstellung vom zweitrangigen Menschen. Sie sind einfach Menschen einer Rasse, die nach ihren eigenen Gesetzen leben, getrieben von der Ruhelosigkeit, dem Wandertrieb der Nomaden, die sie sind. Auch wenn sie sich den Besonderheiten des Landes, in dem sie leben, anpassen, bleiben sie immer sie selbst, frei und unabhängig von fremden Geboten. Nur wer es vermag, in ihre Seelen zu blicken, wird sie so erkennen können, wie sie sind und sie nicht mit jener Unduldsamkeit und Verständnislosigkeit betrachten, die so vielen Menschen eigen ist."

Gewiß ein eindeutiges Plädoyer für Toleranz. Sollte da etwas inhaltlich nicht ganz korrekt sein, ist es doch verzeihlich. Den guten Willen, gepaart mit der Fähigkeit, in eines Volkes Seele zu blicken, reklamiert Frau Liebermann jedenfalls offensichtlich für sich und den Aussagewert ihrer Texte. Was schon kleinlich erscheint, doch der Hinweis, daß schon in dem kurzen Zitat nahezu alle wesentlichen Zuschreibungen wiederholt werden, die immer schon Ressentiments gegen Sinti und Roma begründeten und ihnen eine prinzipielle Andersartigkeit bzw. Nichtintegrierbarkeit unterstellt, wenn es heißt: "Rasse, ruhelos, Wandertrieb, Nomaden, nach eigenen Gesetzen leben, frei, unabhängig von fremdem Gebot". Da fällt es auch gar nicht auf, daß die zuvor negierte Hierarchie von Menschen erster und zweiter Klasse verräterisch wieder durchscheint, wenn der Welt der Sinti und Roma eigene Gesetzte zugeschrieben werden, die Welt der Mehrheit dagegen von Geboten bestimmt ist, von denen sich 'Zigeuner' dann angeblich freihalten. Fügen sich hierzulande nicht Gesetze als weltliche Ordnung ein in eine religiöse, d.h. von Gott bestimmte Ordnung der Gebote? Welche Ordnung steht dann in einer solchen Formulierung Gott näher, die der Minderheit oder die der Mehrheit? Leider gibt es diese Art von Toleranzaufrufen auf Seiten aufgeklärter Humanisten häufig, und man gewinnt den Eindruck, daß Sinti und Roma unbedingt das zu sein haben, was man immer von ihnen dachte, damit an ihnen wahre Toleranz demonstriert werden kann, damit sie wirksam der öffentlichen Profilierung von liberaler, fortschrittlicher, demokratischer Grundhaltung dienen. Das Tragische und Gefährliche für die davon betroffenen Menschen ist nur, daß sich auf diese Weise für sie nichts ändern wird. Der Aufruf zur Toleranz ist eine zeitgemäße Mode, die zu anderer Zeit von einer anderen Mode wieder abgelöst werden kann. Menschen der Mehrheitsbevölkerung mögen sich mit der Mode der Toleranz zufriedengeben, die Minderheit selbst kann es nicht.

Frau Liebermann wagt in mehreren Gedichten natürlich auch eine lyrische Annäherung an den geigenspielenden Zigeuner. So etwas darf nicht fehlen. Virtuose Kunst im Geigenspiel? Überhaupt, die oftmals pauschal unterstellte Musikalität ist ein positiver Aspekt im Fremdbild von Sinti und Roma, er ermöglicht nicht zuletzt Toleranz. Der geigende 'Zigeuner' ist ein beliebtes Bildmotiv, das auch verkaufsfördernd viele Buchdeckel ziert, so den Umschlag der 1991 in einem Band zusammengefaßten, von Heinz Mode herausgegebenen 'Zigeunermärchen', aber auch den Buchdeckel der 'Zigeunermärchen' von Philomena Franz. Bei der 6. Auflage der von Marie Boriskova edierten 'Zigeunermärchen' finden wir den geigenden Zigeuner auf der Rückseite des Umschlages. Und auf dem Buchumschlag zu Ruda Dzurkos "Ich bin wieder Mensch geworden" sieht man Frauen und Kinder geschart um einen Geiger und einen Bassisten.

Möchte jetzt jemand daran denken, daß eine Geige bei einem Sinto oder Rom möglicherweise auch gerade so klingt, als würde ein Instrument gespielt, bei dem man einen Pferdeschwanz an Katzengedärm reibt? In der Fremdbildforschung will man den Assoziationsraum der verschiedenen Motive ausleuchten, die das Bild, das Image einer abgrenzbaren Gruppe bestimmen. Mit Blick auf die Tiefenwirkung des Geigenmotivs in Bezug auf Einstellungen gegenüber Sinti und Roma möchte ich daher zunächst einen Abschnitt ganz allgemein, dem Geigenmythos, widmen, bevor ich auf das Motiv der Geige im Märchen und speziell im Märchen von Sinti und Roma eingehe.

Die Geige war zumindest in Nord- und Mitteleuropa schon im Mittelalter ein sehr volkstümliches Instrument, bevor es neben dem Klavier zu den meistgespielten Instrumenten der bürgerlichen Schicht avancierte. Wo es gesellig zuging oder wo zum Tanz aufgespielt wurde, gehörte die Geige einfach dazu. Nicht umsonst heißt es: Ohne Geige tanzt man nicht. Oder: Die Geigen sind gestimmt, der Tanz kann losgehen. Oder: Wo zwei Geigen, da findet sich leicht zum Tanz ein Reigen. Aber nicht nur in Wirtshäusern, auf Straßen und Plätzen, auch in der konzertanten Welt spielt dieses Instrument zumindest in Zentraleuropa sprichwörtlich die erste Geige.

In dem Begriff 'Zaubergeige' oder im allgemein bekannten Zwang nach jemandes Geige tanzen zu müssen, klingt an, daß dem Geiger in besonderer Weise magische Wirkung zugeordnet wurde, die der Musik seit altersher schon anhaftet. Einerseits ist es die Wirkung einer bestimmten Musik, die hier auf das Instrument übertragen wird, andererseits gerade bei der Geige wohl auch der seelenbezwingende Klang des Instruments selbst, insbesondere wenn diese besonders emotional, d.h. entweder wild und feurig oder zart und lieblich-süß, entweder traurigbeschwert oder leicht-beschwingt und heiter gespielt wird. Immer schon gehören Klänge, gehört Musik auch in die Sphäre des Überirdischen, der Götter, des Göttlichen. So wundert es nicht, daß in der christlichen Mystik die Engel das Geigenspiel ebenfalls pflegen. Allerdings würde man da wohl kaum an wilde, feurige Melodien denken. Gott sei Dank gibt es aber auch den Teufel, der ebenfalls mit der Geige in Verbindung gebracht wird. Finden die Hexen in der Walpurgisnacht auf dem Blocksberg zusammen, so spielt ihnen der Teufel mit der Geige zum Tanz, und da mag es dann anders zugehen. Ebenso wie der Teufel spielt auch Gevatter Tod die Geige, wenn er einen aus dem Leben holt. Wenn die Musik besonders virtuos dargeboten wird, dann ist es eine Teufelsgeige bzw. ein Teufelsgeiger, der spielt. Mancher Geigenspieler spielt dieses anspruchsvolle Instrument offenbar so meisterlich, daß er seine Kunst oder die wie von selbst spielende Geige vom Teufel, von einer Hexe oder von einer guten Fee bekommen haben muß. Ist es ein Zufall, daß gerade die virtuosen Geigenspieler der Sinti und Roma eher als ein Eustrach in ihrer Kunst als Teufelsgeiger angesehen werden? Ich glaube nicht, denn wenn wir uns zentrale Motive des 'Zigeuner'images anschauen, wie sie in der europäischen Überlieferung kulturell ausgebildet wurden, dann stoßen wir auf eine überraschende Affinität der Assoziationsräume. Auch im Fremdbild von Sinti und Roma, dem 'Zigeuner', finden wir die ihm zugeschriebene starke, in die Extreme von Freude und Trauer, Haß und Liebe reichende Emotionalität.

Wir kennen oder wir spüren die angeblich dem 'Zigeuner' anhaftende Wirkung, welche einen ganz in seinen Bann zieht. Gerade auch bei der 'Zigeunerin' ist das ein sehr ausgeprägtes Bild in unserer Tradition und Überlieferung. Die dem 'Zigeuner' bzw. der 'Zigeunerin' unterstellten magischen Kräfte sind ebenfalls sprichwörtlich. Ihre in Wallfahrten offenbarte Frömmigkeit steht im krassen Widerspruch zur gleichzeitig unterstellten Verbindung mit dem Teufel und mit Hexen. Daß wir 'Zigeuner' auch gerne assoziativ mit der Geige in Verbindung bringen, hat, so meine These, weniger mit einer besonderen kulturellen Verbindung dieser Menschen zur Geige zu tun, auch nicht mit einer real spürbaren Intensität oder Häufigkeit des Erlebens von Künstlern dieser Minderheit auf Seiten der Mehrheitsbevölkerung. Es ist Produkt einer kulturhistorisch gewachsenen Affinität von Images, das Bild des geigenspielendes 'Zigeuners', das die Cover zahlreicher Märcheneditionen ziert. Ich denke, daß diese These provozierend wirkt, und zwar gar nicht mal nur in den Ohren der Nicht-Sinti, sondern möglicherweise auch in den Ohren von Sinti und Roma. Dieser

These folgend überrascht es dann gar nicht mehr, daß das Motiv der Geige im Märchen von Sinti und Roma mit Sicherheit nicht öfter vorkommt als in Märchen irgendeiner Volksgruppe in Europa.

Ich möchte diese Aussage ausdrücklich beziehen auf die klassischen Märchensammlung, z.B. Sammlungen von Mode, Aichele u.a., wobei natürlich in diesen Editionen auch Überschneidungen von Aufzeichnungen zu finden sind.

Ich beziehe also diese Aussagen ausdrücklich auf diese Märchensammlungen und nicht auf zeitgenössische Erzählungen oder Märchen, die in letzter Zeit aufgezeichnet und veröffentlicht wurden. Da möchte ich zum Schluß meines Beitrages auf zwei Beispiele gesondert eingehen.

Im Märchen der europäischen Völker ist die Geige zunächst einmal ein volkstümliches Instrument, das oft zusammen mit anderen Instrumenten bei festlichen Anlässen oder zur Unterhaltung nobler Herren, aber auch des gemeinen Volkes gespielt wird. Es ist eigentlich im Gebrauch parallel, auch oft in den Motiven durchaus parallel mit der Flöte oder Pfeife. Das hat vielleicht auch etwas damit zu tun, daß man in vielen Märchen Bezüge findet zum mittelalterlichen Beruf der wandernden bzw. fahrenden Spielleute oder Geigenspieler.

Märchen, die Sinti und Roma zugeschrieben werden, unterscheiden sich hier nicht grundsätzlich von Märchen anderer europäischer Völker. Bei Roma-Märchen sind Geige, Baß, Zimbel und Pfeife die am häufigsten erwähnten Instrumente, was möglicherweise mit der Tatsache begründet ist, daß die meisten dieser Minderheit zugeschriebenen Märchen von Roma-Erzählern in Osteuropa aufgezeichnet oder angeblich aufgezeichnet wurden. Ich habe ja in meinem Titel das 'von' in Anführungszeichen gesetzt, weil ich persönlich nicht in der Lage bin, hier eine textkritische Prüfung zu machen, wie authentisch die Aufzeichnungen eigentlich sind.

Schon Heinz Mode hat darauf hingewiesen, daß den Roma-Märchen kein spezifischer Hinweis auf eine nomadisierende Lebenshaltung oder gar Kultur von Sinti und Roma zu entnehmen ist. Das Motiv des fahrenden Spielmanns habe ich vergebens gesucht.

Nicht nur in der Welt der Menschen, sondern auch der Geister, der Zwerge, der Hexen findet in europäischen Märchen die Geige als festliches Musikinstrument Verwendung, man denke nur an den Blocksberg. Manchmal sind es in der Geisterwelt nicht Menschen, sondern Tiere, die die Geige spielen, z.B. im Märchen "Der arme Müllerbursch und das Kätzchen". Die Variante eines geigenspielenden Tieres ist mir bei Sinti und Roma an keiner Stelle untergekommen, auch nicht als Instrument der Geisterwelt im Sinne fröhlichfestlicher Unterhaltung von Hexen oder Geistern; aber da wäre ich interessiert, möglicherweise von Anderen ergänzende Hinweise zu bekommen.

Deutliche Parallelen ergeben sich beim Märchen, die die Entstehung der Geige und das Erlernen des Geigenspiels thematisieren. Dafür gibt es verschiedene Versionen. Die eine schreibt die Entstehung der Geige dem Teufel zu, der die Geige aus den Eltern und Brüdern eines verständigen Mädchens fertigt, das mit diesem Instrument die Liebe eines jungen Mannes gewinnen will. Dies ist Thema eines Roma Märchens. Im Märchen "Des Teufels rußiger Bruder" erhält der Held für seine Dienste beim Leibhaftigen als Entlohnung von diesem eine Geige. Bei der anderen Version, erzählt im Roma-Märchen vom verzauberten Kasten bzw. der Erfindung der Geige, bekommt ein junger Rom die Anleitung zum Bau und Spiel einer Geige von einer Fee. Hier ist es statt dem Teufel ein Wesen der Geisterwelt, dem die Geige zu danken ist. Im Dänischen ist der Geist der Wunschdose, im Holsteinischen Kniedeln und Fiedeln ein gnomhaftes Männlein, und im Schweizer Märchenschatz der Geistersenn, der auf einer verlassenen Alm den Menschen das Instrument überläßt und ihn in die Kunst des Geigenspiels einführt. Etwas anders gelagert ist das Rom-Märchen vom Kaiser der Blumen, wo ein junger Held die Aufgabe gestellt bekommt, der Greifenmutter die Geige zu entwenden. Aber auch dafür finden wir Vergleichbares im europäischen Märchenschatz, etwa wenn der Held dem Dämon die Geige stehlen soll.

Bei Roma-Märchen wie beim Märchen anderer Überlieferung finden wir das Motiv, daß eine Geige aus Knochen einer Verstorbenen geschaffen wird oder dem Holz eines Baumes, der über dem Grab einer Verstorbenen wuchs, entstammt, um dann die Seele der Verstorbenen zu leben und den hinterbliebenen Angehörigen etwa ein Verbrechen anzuzeigen, so etwa im Märchen vom verlorenen Bruder, der seine eigene Schwester heiraten will, wie sie bei Heinz Mode abgedruckt ist. Dieses Motiv, daß eine Geige anstelle der Toten zu den Lebenden spricht, liegt nicht so fern, denn das Geigenspiel wird ja allgemein als unmittelbarster Ausdruck des seelischen Befindens erlebt. Die tiefe Verbindung des Geigenspiels mit dem Gefühl thematisiert gerade die schon erwähnte Roma-Version der Erfindung der Geige in besonders schöner und eindrucksvoller Weise. Hier bestimmt die

Fee Matuja, diese Kiste soll eine Geige werden und die Menschen froh oder traurig machen. Die Fee bewirkt dies durch den Zauber, indem sie selbst vor der Übergabe an den Rom-Jungen in das Kästchen hineinlacht und Tränen fallen läßt. Der zwingende Zauber vom Pfeifen- oder Geigenspiel ist ein weit verbreitetes Motiv, man denke nur an die Sage vom Rattenfänger zu Hameln oder das Märchen aus Tausendundeiner Nacht über die Dressur von 40 Hasen; da ist es nicht die Geige, da ist es die Pfeife, aber es sind eben sehr in der Bedeutung für das Märchen verwandte Motive.

Etwas anders gelagert ist das Zwangs- oder Bannmotiv im Märchen vom klugen Schneiderlein und anderen vergleichbaren Geschichten, wo ein gefährliches Tier durch Geigenspiel verführt und überlistet wird. Dem vergleichbar ist die Geschichte vom "Zigeuner in der Wolfsgrube", der sich durch sein Spiel vor dem Wolf, dem Fuchs und dem Esel rettet. Wenn wir diesen grob vergleichenden Überblick über das Motiv der Geige im Märchen von Sinti und Roma zusammenfassend bewerten wollen, dann müssen wir feststellen, daß es, zumindest bezogen auf dieses Motiv, das Besondere bei Sinti und Roma-Märchen nicht gibt, weder hinsichtlich der Häufigkeit seiner Verwendung noch hinsichtlich der Inhalte. Das Motiv der Geige im Märchen von Sinti und Roma bietet keinen Stoff für Exotik, im Gegenteil: Es unterstreicht eher die Affinität der Sinti und Roma-Märchen zum sonstigen europäischen Märchengut.

Diese Aussage schließt nicht aus, daß es möglicherweise doch in der Art des Erzählens oder bei dem einen oder anderen Motiv nachweisbare Unterschiede gibt, doch es scheint mir, ausgehend von dem hier vorgebrachten Vergleich, naheliegend, daß offensichtliche Parallelen bei Sinti und Roma-Märchen und Märchen anderer europäischer Völker häufiger sind als vielleicht belegbare Abweichungen oder Unterschiede. Wenn in den Märchensammlungen häufig dennoch Exotik vermittelt wird, so geschieht dies durch eine Aufbereitung von erzählten Märchen, bei denen die Verfasser dem Leser eine von ihnen unterstellte Andersartigkeit unterschieben. Wurden die Märchenstoffe anderer Völker oder Volksgruppen inhaltlich, formal und stilistisch geglättet, um den Wert des Märchens zu erhöhen, so verzichtete manch ein Herausgeber bei der Dokumentation von Roma-Märchen ganz bewußt auf weiterreichende Veränderungen, um so den Leser in seinem Bild vom 'Zigeuner' zu bestätigen und den angeblich exotischen Charakter der Erzählweise von Sinti und Roma zu unterstreichen.

Sachlich völlig unbegründet wäre es jedoch, wenn wir aus der von mir behaupteten Affinität oder Verwandtschaft und Vergleichbarkeit, Parallelität der Sinti und Roma-Märchen zu den europäischen Märchen den Schluß ziehen würden, Roma oder Sinti wären zu eigener Kulturleistung nicht in der Lage, wie dies auch in der NS-Propaganda behauptet wurde. Vom übergeordneten Standpunkt aus gesehen verkörpern sie jeweils einen Aspekt deutscher, ungarischer, rumänischer, türkischer oder spanischer Kultur und alles zusammengenommen eben auch einen Aspekt der kulturellen Vielfalt Europas. Ich denke, das wirklich zu akzeptieren und gesellschaftlich, politisch umzusetzen wäre eine ungeheuere Herausforderung.

Diese kulturelle Vielfalt Europas beschreibt auch den Kontext von Geschichte und Tradition, an dem diese Minderheit seit bald 1000 Jahren partizipiert. Ihre Identität als ethnisch, sprachlich, sozial und kulturell abgrenzbare Gruppe gewinnen Sinti und Roma weniger aus der ihnen immer wieder zugeschriebenen Exotik einer vormals indischen Herkunft oder sonstigen Erklärungen, sondern vielmehr aus dem besonders und mit viel Leid verknüpften Umstand, seit Jahrhunderten in Europa als von der Mehrheit geschiedenen Minderheit überlebt zu haben, und ich betone, überlebt, weil dieses Wort treffend ist in der Widersprüchlichkeit seiner Facetten.

Ich möchte abschließend an zwei neueren Zeugnissen der Erzählkunst von Angehörigen dieser Minderheit neuere Tendenzen aufzeigen, die mich sehr beschäftigen, und die ich auch gerne zur Diskussion stellen will.

Ruda Dzurko veröffentlichte unter dem Titel "Ich bin wieder Menschen geworden" 1990 einen meiner Meinung nach sehr sympathischen Band seiner Bilder und Geschichten. Darin erzählt er das Märchen "Der Sohn gegen den Vater". Für den Leser ist nicht eindeutig ersichtlich, ob diese Geschichte seine Eigenschöpfung ist, ob sie in seiner Familie möglicherweise schon seit Generationen erzählt wird oder ob sie einen anderen Ursprung hat. Doch spricht er mit diesen Märchen in sehr persönlicher Form und aus einem sehr persönlichen Kontext heraus gleichnishaft die Frage der Assimilation an. Man muß dazu vielleicht wissen, daß in der Tschechoslowakei der 70er und 80er Jahre auf der Minderheit der Roma ein extremer Assimilationsdruck lastete, der beinahe schon genozidale Züge annahm. In dem Märchen, wie es Ruda Dzurko erzählt, ist die Geige einerseits

Symbol für die Eigenheit, die Besonderheit, für die oftmals verkannte kulturelle Leistung von Sinti und Roma, andererseits ist sie auch das Medium einer positiven Verbindung zur Mehrheit hin. "Die Prinzessin hört ihr Spiel und staunt, denn der fremde Geiger spielt genau ihr Lied." Ganz traditionell ist dann das Motiv, das der junge Rom durch sein Geigenspiel die Liebe der Prinzessin gewinnt, die ihn allen Regeln ständiger Ordnung zum Trotz auch heiratet. Während sich die Prinzessin voll zu ihrem Mann bekennt, lehnt ihrer beider Sohn, kaum daß er geboren, sich gegen seinen Vater auf. Unzählige Male fordert er ihn heraus in der Absicht, ihn, der das Leben eines Geigers, der in Wirtshäusern aufspielt, zu echtem Heldentum und karrierebewußtem Leben zu zwingen. Der Vater versucht am Ende ganz verzweifelt, nachdem er schon gestorben war und wieder zum Leben erweckt werden mußte, sich vor seinem Sohn zu verbergen und tritt schließlich nirgendwo mehr als Geiger öffentlich auf. Aber selbst dieses sich Verstecken rettet ihn auf Dauer nicht vor den Nachstellungen seines Sohnes. Schließlich fragt der Vater: "Sag mir einmal, mein lieber Sohn, warum willst Du mich ständig aus der Welt schaffen, was hat das für einen Sinn?" Un der Sohn antwortet: "Weil Du Dich nicht anpassen kannst, weil Du Dich nicht umerziehen lassen willst, statt die Königswürde zu übernehmen, spielst Du in Weinstuben." Der Vater begreift nun, daß er dem Kampf mit seinem Sohn nicht ausweichen kann und gezwungen ist, ihn zu töten. Es gelingt ihm, und so findet er endlich wieder seine Ruhe und spielt wie früher in Gaststätten und in vornehmen Häusern.

Das Leben als Rom-Musiker steht in diesen Märchen ganz offensichtlich für das Leben der Roma schlechthin. Dem positiven Klischee folgend zeugt die Umwelt allerdings Respekt und Achtung, denn nun, da er wieder frei auftreten und spielen kann, kommen die größten Könige, Schauspieler und Präsidenten, sein Spiel zu hören, so der idealistische Ausgang dieses Märchens.

Auch die mit pädagogischer Absicht für Kinder der Bevölkerungsmehrheit geschriebenen 'Zigeunermärchen' von Frau Philomena Franz enthalten das Motiv der Geige bzw. des geigenspielenden Sinto. Es wird sogar auffallend oft thematisiert, so daß beim Leser eine unmittelbare Assoziation zwischen Sinti-Existenz und Geigenspiel bekräftigt wird. Da gibt es den Teufel, der aus dem schlecht spielenden Sinti einen weltbekannten Geigenvirtuosen macht, dann aber um seinen versprochenen Lohn auf raffinierte Weise betrogen wird. Da gibt es auch den armen

Zigeunerjungen, der mit seinem herrlichen Geigenspiel die unglückliche Königstochter wieder zum Lachen und zum Weinen bringen kann und - nein, hier bekommt er die Prinzessin nicht zur Frau. Zum Lohn wird er Hofmusikant beim König. Da erklingt die Geige in geselliger Runde so wundersam, daß sich ein Frender von dieser Musik angezogen fühlt und sich der um ein Feuer lagernden Gruppe nähert. Prompt verliebt er sich in eine junge Frau.

Völlig neu eingeführt und, meinem Empfinden nach, auf die Sentimentalität mancher Menschen auf Seiten der Bevölkerungsmehrheit zielend, ist das Motiv der Geige als Medium, um sich in die harten Herzen der Bevölkerungsmehrheit und schließlich direkt zu Gottvater in den Himmel zu spielen. Was ist da geschehen? Wenn in zwei neu dokumentierten Märchen die von außen positiv gesehene Affinität von Geige und 'Zigeuner' in dieser Weise von der Gruppe aufgenommen und als hoffnungsvolles Angebot der Freundschaft zurückgespielt wird, da lobe ich mir am Ende doch das Instrument, bei dem man mit Hilfe von Pferdeschwanz und Katzengedärm der Menschheit am Ohr kitzelt.

Bei alledem geht es mir nicht um ein von einer Seite gewährte und von der anderen Seite erwidertes Verständnis für eine Minderheit, das wäre zu billig, will mir scheinen. Es geht um den schmerzhaften Prozeß einer Verständigung über Erfahrungen, die uns, eher historisch als kulturell begründet, trennen. Und dafür braucht es offene Ohren, offene Herzen und einen offenen lernfähigen Verstand. Vielleicht wird über einen solchen Prozeß auch die Roma-Musik jenseits vom romantischen Klischee die ihr gebührende Anerkennung finden, von der Ruda Dzurko mit Mozarts Musik vergleichend sagt: "Einmal ist da lauter Freude, kein Kummer, das Leben zerfließt, so leicht ist es." Und dann wieder "So eine Last, daß dem Menschen fast das Herz zerspringt". Und gerade dieser Schmerz und die Freude nebeneinander, nein, direkt vermischt in einem Cocktail, das ist die Roma-Musik.

Wilhelm Solms

Zur Dämonisierung der Juden und 'Zigeuner' im Märchen

Die Juden und die Sinti und Roma haben beide als Minderheiten in Deutschland gelebt und sind beide Jahrhunderte hindurch ausgegrenzt und verfolgt und schließlich fast völlig vernichtet worden[1]. Was ihre Ausgrenzung und Verfolgung, wenn auch nicht verursacht, so doch gerechtfertigt hat, ist ihre Darstellung als außermenschliche, mit dem Teufel verbündete Wesen, für die sich in der deutschen Volksliteratur und Hohen Literatur viele Zeugnisse finden lassen.

Die Wurzeln ihrer ethnischen Dämonisierung reichen bis ins späte Mittelalter zurück[2]. Die Juden galten damals als Erfüllungsgehilfen oder sogar als Kinder des Teufels. In Legenden wurde verbreitet, daß ein Bündnis zwischen Juden und dem Antichrist bestehe, ja daß der Antichrist der Verbindung einer Jüdin mit dem Teufel entsprungen sei. Ihre finanziellen Erfolge würden die Juden ihrer Freundschaft oder Verwandtschaft mit dem Teufel verdanken.

Als die Sinti und Roma Anfang des 15. Jahrhunderts in Europa auftauchten, erklärte man sie zu Nachfahren Kains und forderte für sie unter Berufung auf Kains Worte - "So wird mir's gehen, daß mich totschlage, wer mich findet" - die Todesstrafe. Oder man behauptete von den 'Zigeunern' wie von den Tartaren, daß sie aus der Unterwelt stammten. In einer in ganz Europa verbreiteten Legende wurden die Sinti und Roma zusammen mit den Juden für die Kreuzigung Christi verantwortlich gemacht. Die Versammlungsorte der Juden und die Zigeunerlager galten als Teufelsplätze.

---

1 Der Völkermord an den Sinti und Roma wurde erstmals von Donald Kenrick und Grattan Puxon (Sinti und Roma - die Vernichtung eines Volkes im NS-Staat. Göttingen 1981) und später in vielen Einzeldokumentationen des Zentralrats Deutscher Sinti und Roma und des Dokumentations- und Kulturzentrums Deutscher Sinti und Roma umfassend dargestellt.

2 Diese Angaben wurden entnommen aus Alfonso di Nola: Der Teufel, München: Deutscher Taschenbuch Verlag, 1993 und Reimar Gilsenbach: Oh Django, sing deinen Zorn. Sinti und Roma unter den Deutschen, Berlin 1993, wo sie im einzelnen belegt sind.

So nimmt es nicht Wunder, daß sie nirgends länger geduldet wurden. Das spanische Königspaar verwies im Jahr 1492 Juden und Mauren einschließlich der Gitanos, der spanischen Roma, des Landes. In Deutschland verbot man 1497 den Sinti und Roma per Reichsgesetz den Aufenthalt und erklärte sie für vogelfrei. In Frankreich wurden Anfang des 17. Jahrhunderts "alle Hexenmeister, Weissager und Zauberer" verurteilt, wobei "die, die man Böhmen nennt", also die von Osten eingewanderten Roma, besonders hervorgehoben wurden.

Solche dämonischen Vorstellungen blieben aber nicht auf das Mittelalter beschränkt, sondern wurden durch die Volksliteratur, vor allem die Märchen, aber auch durch Sagen, Legenden, Schwänke, Puppenspiele, Lieder und Witze bis heute verbreitet und haben auch in viele Kunstmärchen und märchenhafte Erzählungen Eingang gefunden.

Das Bild des Juden in den Volksmärchen

Daß die Juden und die Sinti und Roma ursprünglich nichts gemeinsam haben, zeigt sich auch an ihren Märchen. In den jüdischen Mythen und Märchen kommt der 'Zigeuner' nicht vor, und in den 'Zigeunermärchen' tritt der Juden nur selten auf und besitzt auch keine einheitlichen Züge.

Einmal agiert der Jude als Geldverleiher, der selbst von einem Toten das geliehene Geld zurückfordert[3]. Ein andermal stiehlt er einem Bauern sein Geld[4]. Diese beiden Erzählungen sind aber auch bei den Gastvölkern verbreitet. In zwei Märchen - und das ist in den "Kinder- und Hausmärchen" und in den Märchen der Gastvölkern nicht zu finden - erscheint der Jude als Held. In dem einen gewinnt der dumme Sohn eines armen Juden die Tochter des Türkenkönigs[5] - der Jude spielt hier dieselbe Rolle wie in anderen Märchen der 'Zigeuner' -, in dem anderen[6] agiert er als treuer Freund eines jungen Edelmanns. Er ist klüger als dieser, be-

3 Der freigekaufte Tote, in: Heinz Mode (Hrsg.) unter Mitarbeit von Milena Hübschmannova, Zigeunermärchen aus aller Welt. Vier Sammlungen, Leipzig: Insel, 1984, Nr. 78 (Bd. II, S. 95-97)

4 Von den Mädchen, die dem Teufel verkauft wurden, und ihrem Bruder. Mode Nr. 118 (Bd. II, S. 438-445)

5 Lamet, Mode Nr. 221 (Bd. IV, S. 205-210)

6 Der kluge Jude und die goldene Henne, Mode Nr. 230 (Bd. IV, S. 296-303)

nutzt seinen Verstand aber nicht, um ihn auszutricksen, sondern erobert für ihn eine schöne Königstochter. In den Erzählungen der Sinti und Roma läßt sich somit keine antijüdische Tendenz feststellen.

In den "Kinder- und Hausmärchen" der Brüder Grimm tritt insgesamt viermal ein Jude auf[7] und ist jedesmal das Opfer: er erhält Stockschläge, wird - einmal mit und einmal ohne eigene Schuld - totgeschlagen, und einmal, im Märchen "Der Jude im Dorn", wird er zum Tode verurteilt und erhängt. Leander Petzold zieht daraus in seiner Untersuchung über das "Bild des Juden in der deutschen Volksliteratur" den Schluß: "Die Juden in der Volkserzählung werden meist als außerhalb des Rechts stehend, als Erleidende, als Verlierer gekennzeichnet"[8]. Dem bleibt noch hinzuzufügen: Die Mißhandlung und Tötung des Juden findet - mit Ausnahme des Märchens "Die klare Sonne" - den Beifall des Erzählers und wohl auch seiner Leser. Wenn in "Der Jude im Dorn" der Jude vom Knecht zu der Aussage gezwungen wird, der Knecht hätte das Geld, das er mit Hilfe der Zaubergeige von ihm erpreßt[9] hatte, "ehrlich verdient", so ist das offensichtlich die Unwahrheit. Wer seine Hinrichtung dennoch als gerecht empfindet, der muß von dem Vorurteil besessen sein, daß ein Jude, nur weil er Jude ist, außerhalb des Rechts steht und immer im Unrecht ist.

In anderen deutschsprachigen Märchensammlungen - so in der von Leander Petzold untersuchten vierbändigen Sammlung "Donauschwaben erzählen"[10] - tritt der Jude vorwiegend in zwei Berufsrollen auf: als wohlhabender Kaufmann, der auch Kredite verleiht, und als armer Lumpen- und Altwarenhändler, der von Dorf zu Dorf zieht. In der Rolle des geizigen und habgierigen Kaufmanns wird der Jude gewöhnlich ge-

---

7 Der gute Handel, KHM Nr. 7; Der gute Lappen, Erstausgabe, Nr. 85 d; Die klare Sonne bringt es an den Tag, Nr. 115; Der Jude im Dorn, Nr. 110

8 Leander Petzold: Der ewige Verlierer. Das Bild des Juden in der deutschen Volksliteratur, in: Das Bild des Juden in der Volks- und Jugendliteratur vom 18. Jahrhundert bis 1945, hrsg. v. Heinrich Pleticha, Würzburg, Königshausen und Neumann, 1985, S. 29-60, S. 60

9 Auch Ruth Klüger nennt in ihrer Untersuchung über "Jüdische Gestalten aus der deutschen Literatur des 19. Jahrhunderts", die nach der Marburger Tagung in ihrem Sammelband "Katastrophen" erschienen ist, die Tat einen "Akt der Erpressung seitens eines jungen Menschen, (...) dem die Erzählung letzten Endes recht gibt." (Ruth Klüger: Katastrophen. Über deutsche Literatur, Göttingen: Wallstein Verlag, 1994, S. 86)

10 Alfred Camman/Alfred Karasek: Donauschwaben erzählen, 4 Bände, Marburg 1976

prellt, in der Rolle des Lumpenhändlers wird er mal verspottet und mal bemitleidet; manchmal wird ihm auch geholfen. Insgesamt betrachtet wird der Jude zwar mit Spott und Geringschätzung behandelt, ihm wird aber nicht wie in Grimms Märchen mit offener Aggression begegnet.

Deshalb kommt Petzold trotz dieser antijüdischen Motive zum Ergebnis, daß das Bild des Juden in der Volksliteratur "weniger aggressiv-negative Züge aufweist als das der zeitgenössischen antijüdischen Agitationsliteratur der Bildungsschicht"[11]. Dieses Urteilt trifft leider nicht nur auf die bürgerliche 'Agitationsliteratur' zu, sondern auch auf die Hohe Literatur, für die hier die Kunstmärchen als Beispiel dienen sollen.

Das Bild des Juden in den deutschen Kunstmärchen

Das Bild des Juden in der deutschen Kultur- und Literaturgeschichte wurde im Unterschied zu dem des 'Zigeuners' in den letzten Jahren dank staatlicher Förderung oft und ausführlich untersucht[12]. Dabei wurden aber die Märchen und Erzählungen der Romantik offenbar übersehen. Schon in Arnims und Brentanos Volksliedersammlung "Des Knaben Wunderhorn"[13] gibt es bedenkliche Texte über Juden und 'Zigeuner'. Einige von Brentanos Märchen sind abschreckende Beispiele antijüdischer Literatur, was in den kommentierten Ausgaben jedoch keine Erwähnung findet[14].

Das vierte und letzte von Brentanos 1812 entstandenen "Märchen vom Rhein", das "Märchen vom Schneider Siebentodt auf einen

---

11 Leander Petzold, wie Anm. 8, S. 60

12 Vgl. z.B. Juden und Judentum in der Literatur, hrsg. v. Herbert A. Strauss u. Christhard Hoffmann, München: dtv 1985; Juden in der deutschen Literatur. Ein deutsch-israelisches Symposium, hrsg. v. Stephane Moses und Albrecht Schöne, Frankfurt: Suhrkamp Tb., 1986; Hans Schütz: Juden in der deutschen Literatur. Eine deutsch-jüdische Literaturgeschichte im Überblick, München: Serie Piper 1992

13 Des Knaben Wunderhorn. Alte deutsche Lieder gesammelt von Achim von Arnim und Clemens Brentano, 3 Bände, Heidelberg: Mohr und Zimmer, 1806-1808

14 Vgl. Clemens Brentano: Werke, 3 Bände, hrsg. v. Friedhelm Kemp, München: Hanser, 1965; Clemens Brentano: Märchen, hrsg. v. Wolfgang Frühwald und Friedhelm Kemp, (...) Kommentar von Wolfgang Frühwald, München: Hanser 1978; Clemens Brentano: Sämtliche Werke und Briefe. Historisch-kritische Ausgabe, Band 17. Die Mährchen vom Rhein, hrsg. v. Brigitte Schillbach, Stuttgart: Kohlhammer, 1983

Schlag", enthält im ersten Teil eine bösartige Judensatire[15]. In den von Brentano benutzten Quellen - er hat in diesem Märchen zwei handschriftliche Märchentexte der Brüder Grimm, "Das tapfere Schneiderlein" und "Daumerlings Wanderschaft" sowie einige "Schneider-Lieder" aus dem zweiten Band von "Des Knaben Wunderhorn" kontaminiert - sind die Juden nicht zu finden.

Brentanos Märchen handelt vom Krieg der Schneider gegen die Juden. Zunächst wird - wie in der Realität - die Schuldfrage geklärt. "Eines Morgens wollte es in Amsterdam gar nicht Tag werden", so beginnt das Märchen. Weil die Juden in der Judenstadt den "langen Tag" - so nennen die Christen den Jom Kippur, den jüdischen "Versöhnungstag" - aufbewahren, befiehlt der Stadtrat den Rabbinern, "ihren langen Tag der guten Stadt Amsterdam zum Geschenk zu machen", und als diese sich weigern, fordert er die Amsterdamer Bürger auf, "ihnen den langen Tag mit gewaffneter Hand abzunehmen". Die Juden dürfen also mit den Christen innerhalb derselben Stadt, wenn auch in einem Ghetto, zusammenleben. Wenn den Christen jedoch etwas fehlt, ist es selbstverständlich, daß die Juden dafür aufkommen müssen.

Die Schneider setzen sich "auf ihre Böcke", galoppieren los und klappen "mit den Scheren, den Juden die Bärte abzuschneiden". Die Juden verschanzen sich in der Judenschule, um zu beten, und stellen den Schneidern ihren "großen alten Sündenbock entgegen". "Sündenbock" wird der Bock genannt, den die Juden am Versöhnungstag Jahwe als Sündopfer darbringen. Brentano bringt also beide, Schneider und Juden, mit dem Ziegenbock in Verbindung, der in der Mythologie und einem Grimmschen Märchen[16] als "des Teufels Getier" gilt. Und er verschont weder die äußere Erscheinung der orthodoxen Juden noch ihre heiligen Bräuche vor seinem Spott.

Die Juden kommen auch in einem von Brentanos "Italienischen Märchen" vor. In "Gockel und Hinkel" treten drei alte Juden auf, die wiederum einen Ziegenbock mit sich führen, um sich den im Halse

---

15 Brigitte Schillbach meint, "daß der gesamte Text auch als selbständige Schneidersatire angesehen werden kann" (Die Mährchen vom Rhein, wie Anm. 14, S. 420). Brentanos Satire richtet sich aber in erster Linie gegen die Juden. Denn diese erscheinen hier wiederum, wie in Grimms Märchen, als die Gegner und Opfer, während die Schneider die Rolle der Helden spielen.

16 Des Herrn und des Teufels Getier, KHM Nr. 148

des Hahns verborgenen Zauberring zu ergaunern. In Brentanos Quelle, dem Märchen "Der Hahnenstein" aus dem Pentamerone von Basile, sind es "zwei häßliche Zauberer"[17]. Nach seiner religiösen Bekehrung im Jahr 1817 hat sich Brentano von seinen Märchendichtungen distanziert. Er hat das Gockelmärchen zwanzig Jahre später, 1836, vollständig überarbeitet. Hat er sich inzwischen, was seine antijüdische Einstellung betrifft, geläutert oder auch nur gemäßigt? Im Gegenteil, er hat die Passagen über die drei Juden noch erweitert und verschärft.

Zu den Märchen von Wilhelm Hauff, dem Autor der Erzählung "Jud Süß", gehört "Abner, der Jude, der nichts gesehen hat". Der Erzähler charakterisiert diesen Juden wie Juden überhaupt als "pfiffig" und "verschlagen". Seine Verschlagenheit soll sich darin zeigen, daß er das, was er nicht gesehen hat, mit kriminalistischem Spürsinn erschließt, aber nicht unbedingt den Behörden meldet. Doch egal, ob er seine Entdeckungen weitergibt oder für sich behält, er wird in jedem Fall gezüchtigt. Klugheit wird auch in den "Kinder- und Hausmärchen" durchaus ambivalent gewertet: in den Schwänken als Tugend, in den Dummlingsmärchen als Laster. Doch die Botschaft, daß Klugheit bestraft gehört, wenn der Kluge ein Jude ist, beruht nicht auf den von Hauff verarbeiteten Volksmärchen, sondern auf seiner Einstellung.

In anderen nachromantischen Kunstmärchen treten in der vom Erzähler stets negativ bewerteten Rolle des Widersachers Figuren auf, die zwar nicht als Juden bezeichnet werden, aber offensichtlich Karikaturen von Juden darstellen, wie der "dicke Echeziel" in "Das kalte Herz" von Wilhelm Hauff oder der geizige Pfandleiher Bulemann in "Bulemanns Haus" von Theodor Storm[18].

---

17 Auch dieser Eingriff in die Vorlage wird von den Kommentatoren nicht erwähnt. Ruth Klüger befaßt sich in ihrer bereits erwähnten Untersuchung auch mit dem Gockel-Märchen und macht deutlich, mit welchem "Geschick" Brentano "die Angst vor den modernen Juden, die vermeintliche wirtschaftliche Bedrohung, mit der tiefer sitzenden Angst vor dem biblischen Volk" verschmilzt. (Wie Anm. 9, S. 91)

18 Bulemann, der bisher als "Kapitalist" gedeutet wurde (vgl. z.B. Paul Wührl: Das deutsche Kunstmärchen, Heidelberg: Quelle und Meyer, 1984, S. 270 und 272 oder Winfried Freund: Theodor Storm, Stuttgart: Kohlhammer, 1987, S. 65), trägt den jüdischen Vornamen Daniel, während seine Halbschwester und ihr Sohn Christine und Christian heißen, er ist von Beruf Pfandleiher, dazu geizig, und trägt Morgenmantel, Schlafmütze und Pantoffel, alles Attribute, die auch auf zeitgenössischen Juden-Karrikaturen zu finden sind.

Das Bild der 'Zigeunerin' in den deutschen Kunstmärchen

Die 'Zigeunerin' begegnet uns in der Romantik in einem Märchen von Brentano, einer märchenhaften Novelle von Arnim und einem Märchen von Tieck, die alle drei zur gleichen Zeit, zwischen 1811 und 1812, entstanden sind.

Brentanos drittes Rheinmärchen, das "Märchen vom Murmelthier", geht wiederum auf einen handschriftlichen Märchentext von Jacob Grimm, "Murmelthier", zurück, in dem nirgends von einer 'Zigeunerin' die Rede ist[19]. Gegen Ende des Märchens, als sich alles 'aufklärt', erfährt das Mädchen Murmeltier, es sei die Tochter des Königs von Burgund, seine Stiefmutter sei eine 'Zigeunerin' und habe es als Baby aus dem königlichen Garten gestohlen.

So hat die böß Zigeunerin
Gestohlen das zarte Kindelin.

In seiner poetischen Bedenkenlosigkeit hat Brentano keine Scheu, auch aus dem übelsten Vorurteil über die 'Zigeuner' einen Reim zu machen[20].

Achim von Arnim hat in seiner im Ton des Volksmärchens erzählten Novelle "Isabelle von Ägypten" das Bild der 'Zigeunerin' nicht kriminalisiert wie Brentano, sondern idealisiert, dadurch aber gleichfalls verzerrt.

Arnim beginnt mit der Vertreibung der 'Zigeuner' aus Ägypten (hier benutzt er die Legende vom verweigerten Nachtquartier), erzählt dann von der unglücklichen Liebe zwischen der Zigeunerprinzessin Isabella und Karl dem Fünften und schließt mit einem märchenhaften Happy End: mit Isabellas Himmelfahrt und der Rückführung des Zigeunervolks in seine "ursprüngliche Heimat", nach Ägypten.

Heidi Berger wertet in ihrer ausgezeichneten Dissertation über "Das Zigeunerbild in der deutschen Literatur des 19. Jahrhunderts" diese Novelle als einen "wertvollen Beitrag zum Zigeunerbild", denn Arnim sehe als einziger "das Geschick der Zigeuner (...) von der

19 Handschrift Nr. 37, vgl. Die älteste Märchensammlung der Brüder Grimm, hrsg. v. Heinz Rölleke, Cologny-Geneve 1975, S. 208

20 Diese gravierende Änderung bleibt in den kommentierten Ausgaben von Brentanos Märchen ebenfalls unkommentiert.

Warte der Zigeuner aus"[21] Aber entspricht dieses Happy End nicht eher einer romantischen Utopie als deren eigenem "Wunsch"?

In Ludwig Tiecks Märchen "Die Elfen" kommen "dem Anschein nach" 'Zigeuner' vor, die in Wahrheit Elfen sind. Auf die Frage seiner Frau, "wer nur die Menschen eigentlich sein mögen, die dort wohnen, und warum sie sich doch nur so von allen in der Gemeinde entfernt halten, als wenn sie kein gutes Gewissen hätten", antwortet der Pächter: "Armes Gesindel", "dem Anschein nach Zigeunervolk, die in der Ferne rauben und betrügen, und hier vielleicht ihren Schlupfwinkel haben. Mich wundert nur, daß die gnädige Herrschaft sie duldet." Die Frau wundert sich immerhin, warum die Menschen sich von der Gemeinde und der Kirche fernhalten, kommt aber nicht auf die Idee, daß die Ursache dafür auch bei der Gemeinde liegen könnte. Für ihren Mann steht von vornherein fest, daß sie Räuber und Betrüger sind, die man eigentlich nicht dulden dürfe.

Tieck hat sein Märchen, das genau genommen eine Sage ist, aus der Gegenüberstellung von "ödem Platz" und "Blumengarten" sowie von "Zigeunern" und "Elfen" oder "Spitzbuben" und "Wohltätern" konstruiert. Er hatte vermutlich gar nicht die Absicht, die 'Zigeuner' negativ zu zeichnen, sondern wollte die als "häßlich" und "schmutzig" dargestellten 'Zigeuner'kinder lediglich als dunklen Hintergrund verwenden, von dem sich die "glänzenden Kinder" der Elfen abheben. Aber er läßt die Ansicht des Pächters, daß wirkliche 'Zigeuner' "Spitzbuben" seien, die "rauben und betrügen", unwidersprochen stehen. Und indem er die 'Zigeuner' in Elfen verwandelt, weckt oder verstärkt er in uns die Vorstellung, die 'Zigeuner' seien Wesen aus einer anderen Welt. Wenn die 'Zigeuner', wie der Pächter fordert, fortgeschafft gehören, wo gäbe es dann für sie in dieser Welt einen Ort? Nirgends[22].

In Wilhelm Hauffs Märchenzyklus "Das Wirtshaus im Spessart" von 1828 führt der Räuberhauptmann die Reisenden, die er im Wirtshaus gefangen genommen hat, zum Lagerplatz der Räuberbande in einem engen kleinen Waldtal. Dieser Platz, auf dem "schmutzige Weiber" aus ihren Holzverschlägen schauen und große Hunde bellend herumsprin-

---

21 Heidi Berger: Das Zigeunerbild in der deutschen Literatur des 19. Jahrhunderts, Diss., Waterloo, Ontario (Kanada) 1972, S. 86f.

22 Der Vergleich von Zigeunern mit Elfen findet sich schon bei Arnim im Nachwort zu Des Knaben Wunderhorn von 1806

gen, soll offensichtlich ein Zigeunerlager darstellen. Mit seiner Schilderung knüpft Hauff wörtlich an Tieck an, wobei er von Tiecks kontrastierender Darstellung der 'Zigeuner'kinder als "schmutziger" und "glänzender" Gestalten nur die negative Seite beibehält.

In Theodor Storms Märchen "Der Spiegel des Cyprianus" von 1865 bittet eine Gräfin Cyprianus wegen ihrer Kinderlosigkeit um Rat, worauf er antwortet: "Vielleicht, daß ich bessern Rat weiß als jene fahrenden Leute, die wohl den Betrug der Leichtgläubigen, aber keineswegs die Zukunft verstehen!" Er verspricht, ihr einen Zauberspiegel zu schicken. Dieser "dürfte (...) Euch bald bessere Kunde bringen, als die trügerischen Leute der Heide."

Warum soll der Spiegel des "mächtigen Zauberers" Cyprianus - oder warum soll das Horoskop eines heutigen Astrologen - die Wahrheit verkünden, die Wahrsagerei einer Zigeunerin dagegen "Betrug" sein? Da die Wahrsagerei in beiden Fällen gleich wahr oder unwahr ist, kann dies nur an den Personen, die wahrsagen, liegen. Die 'Zigeunerin' betrügt, weil sie keine Mitbürgerin ist, sondern auf "der Heide" kampiert, d.h. weil sie eine 'Zigeunerin' ist.

In der Literaturwissenschaft werden über die Zigeunerbilder in der Literatur zwei Ansichten vertreten, die beide korrigiert werden müssen: 1. die Romantik zeige ein positives, der Realismus ein negatives Bild, 2. die Romantik zeige ein irreales, der Realismus ein wirklichkeitsgetreues Bild. Denn in der Romantik werden die 'Zigeunerinnen' nicht nur zu Elfen oder Engeln verklärt, sondern auch, wie in Brentanos Märchen vom Murmeltier oder seiner Erzählung "Die mehreren Wehmüllers", zu Hexen verzerrt. In den nachromantischen Märchen finden sich zwar ausschließlich negative Züge wie Diebstahl, Lug und Betrug, die aber nicht weniger klischeehaft sind. Doch in beiden Fällen, ob sie verklärt oder verzerrt werden, werden sie in außer- und unmenschliche Wesen verwandelt oder dämonisiert.

Das Bild des 'Zigeuners' und der 'Zigeunerin' in den 'Zigeunermärchen'

Die Figur des 'Zigeuners' begegnet uns in den Märchen der Brüder Grimm gar nicht, in anderen deutschen Märchensammlungen nur ganz selten. Dagegen ist sie in den Märchensammlungen osteuropäischer Völker, unter denen viele Roma leben, und der dort ansässigen deutschen Minderheiten oft zu finden. Daß der 'Zigeuner' hier meist negativ gezeichnet wird, ist aufgrund der auch dort verbreiteten Ablehnung leider nicht überraschend. Erstaunlich und zunächst unbegreiflich ist dagegen, daß sogar die angeblich von den Roma selbst erfundenen und erzählten 'Zigeunermärchen' zur Dämonisierung des 'Zigeuners' beitragen.

Die Schwankmärchenhelden

Unter den 'Zigeunermärchen' finden sich auffallend viele 'Schwankmärchen'. Im Schwankmärchen treten ebenso wie im Zaubermärchen außerirdische Figuren auf wie Drache, Hexe, Zauberer, Riese oder Teufel; diese werden aber im Unterschied zum Zaubermärchen nicht durch wunderbare Helfer, Zaubermittel oder Zauberkräfte überwunden, sondern durch Tricks, Angeberei oder einfach mit Glück. In den Helden der Schwankmärchen, der sich mit dem von Ernst Bloch gepriesenen "Mut des Klugen"[23] gegen Mächtigere behaupten, dürften sich die Sinti und Roma nicht nur als Individuen, sondern auch als Volksgruppe, die sich ja überall gegen die jeweilige Mehrheitsbevölkerung behaupten muß, wiedererkennen.

Zu den Typen des Schwankmärchens zählen die Märchen vom dummen Riesen oder Teufel, die Märchen vom Meisterdieb und die Lügenmärchen. Eigenschaften wie Lügen, Stehlen und Betrügen, die im Alltag verrufen sind, werden im Schwankmärchen vom Erzähler und seinen Zuhörern oder Lesern bewundert. Denn sie befähigen den Helden, seine übermächtigen Gegner zu überlisten. Ist der Held jedoch ein 'Zigeuner', so hat diese Bewunderung ihre Grenzen. Denn der Zuhörer oder Leser kann sich in seinem Vorurteil bestätigt fühlen, daß 'Zigeuner' lügen, stehlen oder betrügen würden.

Von dem mehrfach überlieferten Schwankmärchen "Der Teufel und der Zigeuner" gibt es unter den "Märchen der Rumäniendeutschen" eine Variante[24], die auf den ersten Blick durch ihre zutreffende Schlußpointe besticht. Der Teufel geht mit dem 'Zigeuner' Schweine stehlen.

---

23 Ernst Bloch: Bessere Luftschlösser in Jahrmarkt und Zirkus, in Märchen und Kolportage, in: Ernst Bloch, Das Prinzip Hoffnung, Bd. 1, Frankfurt a.M., 1959, S. 411

24 Der Teufel und der Zigeuner, in: Märchen der Rumäniendeutschen, Nr. 61

Als er von ihm um seinen Anteil an der Beute geprellt wird, sagt er: "Also, mit einem Zigeuner gehe ich nicht mehr Schweine stehlen. Der betrügt sogar den Teufel!" Das ist vom Teufel natürlich als Anerkennung gemeint. Aber ein Zuhörer oder Leser kann daraus hören oder lesen: Ein Zigeuner stiehlt und betrügt und ist noch schlimmer als der Teufel!

Die 'Zigeunerin' als Hexe

In manchen Märchen treten 'Zigeuner' auf, die nicht nur dämonische Fähigkeiten besitzen oder erwerben, sondern sich selbst als Dämonen erweisen. Dies trifft fast ausschließlich auf Frauen zu. Einige 'Zigeunerinnen' sind in Wahrheit Hexen, und zwar nicht nur häßliche Alte wie in den Märchen der Brüder Grimm, sondern mit Vorliebe Junge und Schöne, denen man dies nicht sofort ansieht.

In einem von Wlislocki aufgezeichneten Märchen, "Die Hexe und die Eierschalen"[25], kam einmal zu einem südungarischen Zigeunerstamm eine schöne junge Zigeunerin, von der niemand wußte, wer sie sei, noch welchem Stamme sie angehöre. Wenn man sie danach fragte, so sagte sie stets: "Mein Stamm lebte fern von hier, im Türkenreich und da ließ einmal der Türkenkaiser alle Zigeuner umbringen! Ich allein konnte mich retten (...)"

Sie ist zwei Jahre glücklich mit einem jungen Mann verheiratet, bis ihm seine Mutter, die sich im Hexenwesen verdächtig gut auskennt, also vielleicht selbst dazugehört, enthüllt oder weismacht, daß seine Frau eine Hexe sei. Die Zuhörer, die ebenso wie ihr Sohn der Mutter Glauben schenken, werden vermutlich denken, daß die Geschichte von der Vernichtung des fremden Stamms erlogen sei.

Es gibt aber auch positive Gegenbilder von Hexen wie in einem Märchen der slowakischen Roma, "Die schöne Zauberin"[26]. Der Erzähler stellt gleich zu Beginn klar: "Eine alte Zigeunerin hatte eine junge, hübsche Tochter, und die war Zauberin", und fügt die Erklärung hinzu: "Die Hexerei ist kein Handwerk, das man erlernen kann, wie etwa das Kesselschmieden: zum Zauberer oder zur Zauberin muß man geboren

25 Die Hexe und die Eierschalen, in: Heinrich von Wlislocki: Volksdichtungen der siebenbürgischen und südungarischen Zigeuner, Wien 1890, S. 350-352

26 Marie Voriskova: Singende Geigen, Zigeunermärchen, Hanau: Dausien Verlag 1973, S. 187-196

sein." Man erkenne das sofort an bestimmten angeborenen körperlichen Merkmalen. Er schließt damit aus, daß der Leser in jeder 'Zigeunerin' eine Hexe sieht.

Worin zeigt sich die Hexerei oder Zauberei des Mädchens? Darin, daß sie einen Schmied, in den sie sich verliebt hat, "bezaubert", daß sie nach jedem ihrer fünf Kinder "jünger und schöner" wird und daß sie sich, als ihr Mann sie auf Befehl seiner Mutter zu verbrennen sucht, in eine rote Rose verwandelt. Sie tut also in keinem Fall etwas Böses. Als sie am Schluß ihre Zauberkraft und damit auch ihre Schönheit verliert und eine "gewöhnliche Frau" in mittlerem Alter wird, ist der Schmied nicht enttäuscht, sondern liebt sie umso mehr. Ein überzeugendes, wenn auch nicht ein märchenhaftes Happy End.

Der 'Zigeuner', der wie der Teufel aussieht

Die Männer werden in den Märchen nicht direkt dämonisiert, sondern "nur" in ihrer äußeren Erscheinung mit dem Teufel verglichen. Ein von Friedrich Krauss mitgeteiltes Schwankmärchen vom Typ 'Überlisteter Teufel', "Warum Zigeuner teufelfürchtig sind"[27], handelt davon, wie die 'Zigeuner' den Sohn des Teufelskaisers einfingen: "(...) obgleich sie schon von Natur aus schwarz waren, rußten sie sich noch mehr ein, so daß sie wie die leibhaftigen Teufel aussahen."

Das Sicheinrußen ist ein Trick, den sie anwenden, um den jungen, unerfahrenen Teufel zu täuschen, was auch gelingt, gehört also zur Handlungslogik dieses Märchens. Dagegen ist die Aussage, daß "sie schon von Natur aus schwarz" seien, für die Märchenhandlung überflüssig, also offenbar eine Zutat des Erzählers, und zeugt von dessen Vorurteil.

In den von Krauss veröffentlichten Schwankmärchen findet sich ein weiteres Beispiel für die Zutaten des Erzählers, das wiederum zum Typ "überlisteter Teufel" gehört[28]. Der 'Zigeuner' legt den dummen Teufel durch zwei Tricks herein, die mit der Hautfarbe, sei es des Teufels oder des 'Zigeuners', nichts zu tun haben. Dennoch wird auch hier ihr Aus-

27 Warum die Zigeuner teufelsfürchtig sind, in: Friedrich Salomon Krauss: Zigeunerhumor, Leipzig 1907, S. 226-228

28 Wie der Zigeuner den Teufel überlistete, Krauss S. 222-226

sehen und obendrein ihr Geruch verglichen: "Der Teufel ist ohnehin von Haus aus schwarz wie ein Araber, unsauber und stinkig wie ein Dachs, und ebenso ist der Zigeuner von Haus aus dunkelhäutig, dazu vom Schmieden und Sichnichtwaschen rußig und übelriechend, darum hielt ihn der Teufel für seinesgleichen."

Dieser Vergleich ist für die Handlung überflüssig, vermutlich also wiederum eine Mitgift des Erzählers. Gewiß, es ist der Teufel und nicht der Erzähler, der den 'Zigeuner' "für seinesgleichen hält". Der Dreck und Gestank des 'Zigeuners' wird vom Erzähler jedoch nicht nur auf das Schmieden zurückgeführt, was plausibel ist, sondern zusätzlich und unnötigerweise auf das "Sichnichtwaschen". Das aber ist keine Begleiterscheinung des Schmiedens, kann also nur, vom Standpunkt des Erzählers aus gesehen, in der Natur des 'Zigeuners' liegen. Ein lupenreiner Rassismus.

In einem von Krauss publizierten Schwank[29] wird ausdrücklich hervorgehoben, daß der 'Zigeuner' ehrlich ist und deshalb dem Teufel länger als andere widersteht. Dennoch kann sich der Erzähler nicht enthalten, den 'Zigeuner' als den "Wahlbruder" des Teufels zu bezeichnen. Ein Rom würde sich wohl kaum, noch dazu gegenüber einem "Gadscho", so über sich und seinesgleichen äußern. Wer sich hinter dem "Erzähler" verbirgt, ist also der Aufzeichner, Bearbeiter und Übersetzer, also Friedrich Krauss.

In einem Zigeunermärchen aus Rußland, "Wie der Teufel den Zigeuner auf seinen Platz stellen wollte"[30], zeigt sich das rassistische Vorurteil des Erzählers ganz explizit. Er stellt den Helden, einen bärenstarken 'Zigeuner', folgendermaßen vor: "Der Zigeuner sah schwarz und furchteinflößend aus wie ein Teufel. Nur, daß er keine Hörner hatte. (...) Die Bauern hatten Angst vor ihm."

Als der Teufel ihn aufsucht, bemerkt der Erzähler: "Sein Gesicht sah haargenau so aus wie das des Zigeuners." Als der Teufel wiederkommt, stellt der Erzähler die suggestive Frage: "Waren sie vielleicht wirklich Doppelgänger?" Schließlich läßt er den Teufel selber sagen: "(...) im Ge-

29 Die vielen Riemenschuhe, Krauss S. 76

30 In: Der Nachtvogel. Zigeunermärchen aus Rußland, ausgewählt von Claudia Ebert, Berlin: Volk und Welt, 1986, S. 54-67

sicht ist er mir ja so ähnlich, daß niemand uns unterscheiden kann." Der 'Zigeuner' fällt aber nicht auf seinen Versuch herein, ihn zu seinem Platzhalter zu machen, und bereitet schließlich dem Teufelsspuk ein Ende.

Dies wäre von der Handlung her ein originelles und lustiges Schwankmärchen, würde uns der Erzähler nicht viermal hintereinander suggerieren, wie genau sich die beiden gleichen. Denn er verrät uns dadurch, wie sehr es ihm darauf ankommt, den 'Zigeuner' im wahrsten Sinne des Worts zu verteufeln.

In einem ungarischen Zigeunermärchen[31] erspart es sich der Erzähler, dem Leser erst lange die Ähnlichkeit des 'Zigeuners' mit dem Teufel zu demonstrieren. Er tut einfach so, als würde er selbst beide verwechseln. Nachdem der Teufel den 'Zigeuner' zu einem Brunnen geschickt hat, heißt es, "Der Teufel ... der Dingsda ... der Zigeuner ergriff eine Hacke." Und als der Teufel mit dem Zigeuner zum Holzfällen gehen will, da, so lesen wir, "besann sich der Zigeuner, nahm einen Knäuel Bindfaden und der Teufel ... nein, der Zigeuner nahm den Bindfaden mit." Beide Verwechslungen widersprechen der Handlungslogik, weil nur der Zigeuner mit der Hacke und dem Bindfaden etwas vorhat. So kommt hinter der scheinbaren Verwechslung die bösartige Absicht des Erzählers zum Vorschein.

In einem Märchen aus "Janitschek im Räuberschloß"[32] wird gegen das Vorurteil von der Ähnlichkeit des 'Zigeuners' mit dem Teufel anerzählt. Räuber haben Janitschek gefangen und wollen ihn verbrennen, doch er entkommt im Rauch. Der jüngste Räuber: "Sollte dieser Prinz ein Teufel gewesen sein?" " Jaj, Jaj, Jaj." riefen die anderen. "Was schadet's, wenn er ein Teufel war? Dann haben wir ihm in die Hölle geholfen. (...) "Quatsch", meinte der Älteste. "Es gibt keine Teufel. Er ist abgehauen, und basta! Los, suchen wir ihn." Es gibt zwar in Wirklichkeit keine Teufel, aber sie wurden erfunden und leben in den Märchen bis heute fort, um Menschen, die anders als die Mehrheit denken, leben oder aussehen, zu dämonisieren.

---

31 Der Zigeuner und der Teufel, in: Ungarische Volksmärchen, hrsg. v. Agnes Kovács, Düsseldorf/Köln: Diederichs, 1979, Nr. 51, S. 258-264

32 Janitschek im Räuberschloß. Märchen slowakischer Rom, gesammelt von Milena Hübschmannová, nacherzählt von Erika und Reimar Gilsenbach, Berlin: Kinderbuch Verlag 1983, S. 16

Ätiologische Erzählungen über Juden und 'Zigeuner'

Unter den 'Zigeunermärchen' finden sich auch einige ätiologische oder ursprungserklärende Märchen, in denen Juden und 'Zigeuner' gemeinsam auftreten. In einigen haben die zu Anfang erwähnten mittelalterlichen Legenden von der Abstammung der 'Zigeuner' von Kain, vom verweigerten Nachtquartier und vom Schmieden der Kreuznägel[33] weitergelebt. Zur letzteren findet sich unter den 'Zigeunermärchen' eine Variante, die möglicherweise von den Roma als positive Gegengeschichte erfunden und erzählt wurde. Eine Zigeunerin bemitleidet Jesus und stiehlt einen von den vier Nägeln, so daß die Juden ihn nur mit drei Nägeln kreuzigen konnten[34]. Damit ist freilich die Lüge, daß 'Zigeuner' bei der Kreuzigung zugegen waren, nicht widerlegt.

In einem 'Zigeunermärchen' aus Ungarn[35] wird die Geschichte vom Zug der Juden durch das Rote Meer erzählt. Zum Heer des Königs Pharao sollen auch 'Zigeuner' gehört haben. Denn sie "waren das Hausvolk des Pharao, seine Verwandten". Diese blieben am Ufer des Roten Meers zurück, um abzuwarten, "wie die Dinge ausgehen würden", und blieben deshalb am Leben. Aber Gott machte "noch ein zweites Wunder" und ließ einen Sturm auf sie los, der sie in alle Richtungen zerstreute. "Am Ende zerstreute Gott auch die Juden über die ganze Welt". Aus dieser Geschichte ergibt sich trotz dieses Gedankensprungs vom Untergang Pharaos zur Kreuzigung Christi eine eindeutige Lehre: Wer Juden oder 'Zigeuner' vertreibt, setzt das Werk Gottes fort.

Beide, sowohl die christlichen Legenden als auch die angeblich von Roma erzählten ätiologischen Geschichten, sind bewußte Geschichtsfälschungen, indem sie die Sinti und Roma in die Geschichte des jüdischen Volks einschmuggeln. Und beide dienen einem doppelten Zweck: sie

33 Ines Köhler-Zülch: Die Heilige Familie in Ägypten, die verweigerte Herberge und andere Geschichten von 'Zigeunern': Selbstäußerungen oder Außenbilder? In: Die Sinti/Roma-Erzählkunst im Kontext europäischer Märchenkultur, hrsg. v. Daniel Strauß, Heidelberg 1992, S. 35-84; dieselbe: Die Geschichte der Kreuznägel: Version und Gegenversion? Überlegungen zu Roma Varianten, in: Telling Reality. Folklore Studies in Memory of Bengt Holbek, ed. by Michael Chesnutt, Copenhagen & Turku 1993, S. 219-234

34 Der Nageldiebstahl, Mode Nr. 222 (Bd. IV, S. 210f.)

35 Wir sind das Volk der Pharaonen, in: Zigeunermärchen aus Ungarn . Nacherzählt von Tibor Bartos, Frankfurt: Fischer Taschenbuch Verlag, 1976, S. 83-86

dienen der Schuldzuweisung an die Juden und der Übertragung dieser Schuld auf die Sinti und Roma, und sie dienen damit zugleich der Rechtfertigung für ihre Vertreibung, mit der dann tatsächlich ihre gemeinsame leidvolle Geschichte beginnt.

Die hier vorgestellten Beispiele, die sich leicht vermehren ließen, zeigen, daß und wie auch die scheinbar so harmlosen Märchen zur Dämonisierung der Juden und 'Zigeuner' beigetragen haben. Durch die mündlich überlieferten Volksmärchen und durch die Kunstmärchen wurden die von den christlichen Kirchen beider Konfessionen im ausgehenden Mittelalter geschaffenen Zerrbilder der Juden und 'Zigeuner' bis in unsere Zeit weitergegeben.

Seit Anfang der achtziger Jahre haben deutsche Literaturwissenschaftler und Volkskundler endlich begonnen, das Bild des Juden in der deutschen Literatur zu untersuchen. Forschungen über das Bild des 'Zigeuners' in der deutschen Kultur- und Literaturgeschichte liegen nicht einmal in Ansätzen vor[36]. Dabei sind die 'Zigeunermärchen', die nicht nur die Erzählkunst der Sinti und Roma, sondern zugleich die –Vorurteile der Mehrheitsbevölkerung spiegeln und diskriminierende Vor- oder Nachworte enthalten[37], bis heute in Umlauf. Wie läßt sich erklären, daß wir, die Literaturforscher und -liebhaber, dies nicht beanstandet, ja nicht einmal bemerkt haben? Offenbar entspricht das in den Märchen enthaltene dämonische Bild des 'Zigeuners' auch unserem Vorurteil.

36 Bisher liegen vor die in Kanada entstandene Dissertation von Heidi Berger über das Zigeunerbild in der deutschen Literatur des 19. Jahrhunderts, eine Dissertation von Petra-Gabriele Briel über das Bild des Zigeuners in der Kinder- und Jugendliteratur (Lumpenkind und Traumprinzessin. Zur Sozialgestalt der Zigeuner in der Kinder- und Jugendliteratur seit dem 19. Jahrhundert, Gießen: Focus Verlag, 1989)

37 Vgl. den Beitrag von Daniel Strauß in diesem Band.

Reinhold Lagrene

Mündliche Erzählkunst als Volkskultur - Betrachtungen aus der Innensicht

Um den Hintergrund anzudeuten, vor dem ich spreche, möchte ich mich kurz vorstellen. Ich bin Sinto der ersten Generation nach dem Holocaust. Meine Frau und ich haben inzwischen selbst vier Kinder großgezogen. Seit vielen Jahren engagieren wir uns im kulturellen Bereich. Von Beruf bin ich Antiquitätenhändler. Ich spreche hier als einer, der sich für die Tradition seines Volkes interessiert und der bemüht ist, genau hinzuschauen und das, was er sieht und hört, sorgfältig zu bedenken. Mit diesem Hintergrund will ich meine Beobachtungen über die "Mündliche Erzählkunst als Volkskultur" bei uns Sinti darlegen. Um der Klarheit willen werde ich das Thema zunächst etwas verkürzen und die Tradition des Erzählens als Bestandteil unserer Kultur erläutern. Die Frage, ob es sich hierbei um eine Kunst handelt, möchte ich erst zum Ende meines Beitrags aufgreifen.

Neulich rief mich eine Lehrerin an. Sie unterrichtet in einer Klasse mit vielen Sinti-Kindern und lud mich ein, vor ihren Schülern Geschichten oder Märchen zu erzählen. Ich fragte die Lehrerin, was sie von dieser Unterrichtsstunde erwarte, und sie erklärte mir dann: die Kinder hätten Schwierigkeiten, sich mit ihrer Kultur zu identifizieren. Und sie hoffe nun, dies würde sich bessern, wenn ich als Sinto solche Geschichten im Unterricht erzählen würde, wie sie bei uns erzählt werden.

Es mag Sie vielleicht erstaunen: ich habe abgelehnt, zu diesem Zweck in der Klasse der Lehrerin Geschichten zu erzählen. Abgesehen davon, daß ich nicht sicher bin, ob die Lehrerin als Außenstehende wirklich einschätzen kann, ob und wie die Kinder ihrer Klasse sich mit der eigenen Kultur identifizieren, wird man nicht in der Schule mit wenigen Stunden Unterricht das ersetzen, was die Familien selbst zunächst wollen und dann auch über viele Jahre hin den Kindern vermitteln müssen.

Erzählen ist zu allererst etwas ganz Alltägliches. Wenn Kinders aus der Schule kommen, haben sie etwas zu erzählen. Wenn die Frau oder der Mann auf Geschäft waren oder von der Arbeit nach Hause kommen, dann haben sie etwas zu erzählen. Wenn mein Cousin mich anruft, dann hat er etwas zu erzählen. Wenn wir uns als Familie treffen, gibt es viel zu erzählen. Wenn Menschen sich ihre Erlebnisse erzählen, dann ist dies ein Zeichen dafür, daß sie einen offenen Umgang miteinander pflegen, daß ihre Beziehungen lebendig sind, daß sie aneinander Interesse haben, daß sie füreinander da sind, sich Zeit füreinander nehmen. Die Lebendigkeit des Erzählens scheint mir ein direkter Hinweis auf die Lebendigkeit der Beziehungen unter Menschen. Wo wenig erzählt wird, leben die Menschen isoliert, in schwer überwindbarem Abstand zueinander. Wenn äußere Umstände das Erzählen erschweren, weil z.B. die Zeit zu knapp bemessen ist, weil alles sehr schnell und effektiv erledigt werden soll oder weil uns ständig äußere Ablenkungen - z.B. das Fernsehen - hindern, uns aufeinander einzulassen, dann verlieren wir nicht nur eine alltägliche und sehr unterhaltsame Art des Umgangs miteinander, wir verlieren überhaupt eine Möglichkeit, mit anderen Menschen eine Gemeinschaft zu bilden.

Im Vergleich zum alltäglichen Erzählen ist das Geschichtenerzählen schon etwas Besonderes. Und als gemeinschaftsbildendes Moment hat es eine ganz eigene Bedeutung. Ich will das an einem Beispiel demonstrieren: Als erstes möchte ich fragen: Wer kennt Max und Moritz? Ich denke, fast alle. Und nun frage ich: Wer kennt Chinto Mori?

Im Vergleich zu Max und Moritz ist Chinto Mori sicherlich recht unbekannt. Hätte ich dieselbe Frage vor einem Zuhörerkreis von Sinti gestellt, wäre das Ergebnis völlig anders ausgefallen. Denn in vielen Familien bei uns werden Geschichten über ihn erzählt. Um das hier offenbar gewordene Bildungsdefizit etwas auszugleichen, möchte ich in allerdings etwas verkürzter Form mit Chinto Mori bekannt machen und so auch einen kleinen Beitrag zur Gemeinschaftsbildung leisten.*

Diese Geschichte ist ein Beispiel für eine lebendige Erzählkultur in vielen Sinti-Familien. Die Geschichten über Chinto Mori gibt es in keinem Buch und so findet man in den Familien eine Vielzahl an Varianten über seine Abenteuer. Die Gestalt dieses Jungen mit dem Namen Chinto Mori aber ist überall die gleiche. Ich kann nicht sagen, wie alt diese Geschichten über Chinto Mori sind oder wo sie ihren Ursprung haben. Viele Motive dieser Geschichten weisen meiner Ansicht s nach auf das vorige Jahrhundert. Möglicherweise sind sie aber auch älter und wurden

* Siehe Anhang zu diesem Beitrag,

nur immer mal wieder etwas 'modernisiert'. Jedenfalls reflektieren sie Erfahrungen aus dem Lebenszusammenhang von Sinti und Roma christlichen Glaubens in einer agrarischen Region in Mitteleuropa, selbst wenn die Figur des Chinto Mori selbst eine noch längere Tradition haben sollte.

Allein die Bekanntheit der Figur des Chinto Mori beweist, daß es bei uns Sinti eine nach wie vor lebendige Erzählkultur gibt. Das Erzählen hat bei uns gute Tradition. Träger dieser Tradition ist die Familie, aber auch das gesellige Beisammensein, wenn sich mehrere Familien im Urlaub oder zu größeren Festen treffen.

Wenn wir uns die vorhin erzählte Geschichte näher anschauen, dann lassen sich hier einige interessante Aspekte über das Erzählen als Bestand unserer Kultur herausarbeiten:

Die Geschichten über Chinto Mori erzählen die Älteren gerne den Kindern. Ohne daß die meisten dies so bewußt beabsichtigen würden, tragen sie damit bei den Kindern zur Ausbildung eines Gruppenbewußtseins oder besser eines Gruppengefühls bei.

Von uns Sinti vermittelt die Erzählung ein bestimmtes Bild: im Mittelpunkt steht die Familie. Erzählt wird von einer Mutter, die ganz offensichtlich ihr Kind liebt. Sie kann ihm nicht lange böse sein, was immer es auch anstellt. Auch aus den brenzligsten Situationen holt sie ihren Lausbuben heraus. Das gleiche gilt für den Vater, der situationsgerecht reagiert und zuverlässig das Seine zur Rettung des Sprößlings tut.

Erwähnt wird eine Tante, Verwandte im Nachbardorf, zu denen sich Chinto Mori flüchten wollte. Da gibt es keine Barriere zwischen Verwandten, auch wenn man splitterfasernackt auf der Flucht vor der eigenen Mutter ist. Auch die Eltern suchen schließlich die Verwandten auf in der Hoffnung, vielleicht dort ihren entlaufenen Sprößling zu finden. Es ist gut, wenn es über den Kreis der engeren Familie hinaus Verwandte gibt, auf die in allen kritischen Lebenslagen Verlaß ist.

Auf der anderen Seite handelt die Geschichte von Hunden, die Chinto Mori jagen, von Bauersleuten, die ihn erschrecken, selbst aber womöglich noch mehr Angst haben, die geizig sind, die sich eher selbst an der Nase herumführen, als daß man sie hereinlegen müßte, von einem Pfarrer, einer Autorität, die sich dann aber als genauso blind und im Aberglauben gefangen erweist wie die Bauern, und schließlich von eher hämischen als hilfsbereiten Nachbarn.

Die Außenwelt von Chinto Mori und seiner Familie wird der Erzählung nach sowohl bedrohlich als auch lächerlich und dumm beschrieben. Zwar kann die Sinti-Familie sich geschickt behaupten und aus dem heillosen Durcheinander kurzfristig einen Vorteil gewinnen. Doch der üblen Nachrede vermag die Familie nichts entgegenzusetzen. So beschließt am Ende die ganze Familie einschließlich der Verwandten, von diesem Ort weit fortzuziehen.

Leitmotiv für die Beziehung zwischen Minderheit und Mehrheit ist in unserer Erzählung der uns Sinti unterstellte Bund mit dem Bösen. Wie erste Untersuchungen im Bereich der Vorurteilsforschung gezeigt haben, war dieses mittelalterliche Motiv in der Tat historisch prägend für viele tief verwurzelte Ressentiments gegenüber unserer Minderheit. Die unter Sinti erzählte Geschichte nimmt diese im Vorurteil enthaltene Identifikation mit dem Bösen auf und spiegelt sie in einer verächtlich-ironischen Zuschreibung wieder zurück auf Dummheit und Aberglauben in der Mehrheitsbevölkerung.

Stellen wir uns also vor, daß Sinti-Kinder diese Geschichte von unseren älteren Leuten erzählt bekommen. Als Zuhörer sehen sie sich in der Geschichte auf einen bestimmten Platz verwiesen, einer Gruppe zugeordnet und abgegrenzt von einer anderen Gruppe Menschen. Die Art und Weise der Abgrenzung spiegelt zugleich Erfahrungen aus der Lebenswirklichkeit unserer Menschen. Es ist das Lebensgefühl einer diskriminierten Minderheit, das in dieser Erzählung angesprochen wird. Damit wird auch Zukunft beeinflußt, denn Kinder orientieren sich an Inhalten solcher Geschichten, sammeln, davon schon beeinflußt eigene Eindrücke und Erlebnisse als Angehörige unseres Volkes.

Daß dies so geschieht, scheint mir unvermeidbar. Kein Volk kann aus seiner Geschichte und seinem Erfahrungshorizont aussteigen und die Gruppenidentität als historisch gewachsenes Selbstbild und Bild von der Bevölkerungsmehrheit einfach abstreifen. Gruppen definieren sich nicht zuletzt auch in Abgrenzung gegen andere,und wie wir sehen, ist das Geschichtenerzählen ein wichtiges Medium zur Ausbildung einer Gruppenidentität, zum Zusammenführen von Menschen in einer Gemeinschaft[1].

1 Vgl. zu diesem Punkt den wichtigen Beitrag von Franz Maciejewski: Erzählen, Gedächtnis, Geschichte – Bestätigung und Erweiterung kollektiver Identität.

Ich erinnere mich sehr gut an meine ersten diesbezüglichen Erfahrungen in der Schule: Meine Eltern lebten damals noch ganz im Bann ihrer Erlebnisse in den Konzentrationslagern der Nationalsozialisten. Sie hatten ständig Angst, es könne "wieder losgehen".

So war es unvermeidlich, daß auch ich in vielen Dingen Angst hatte, wo man eigentlich keine Angst zu haben braucht. Da gab es einfach diese unbestimmte Angst, was mit mir geschieht, wenn man erfährt, daß ich 'Zigeuner' bin. Natürlich wußte ich, daß ich in diesem Fall nicht nach Auschwitz gebracht werde, aber man hatte mir gezeigt in den Äußerungen, Ansichten und Meinungen, die man über die 'Zigeuner' hatte, daß man uns gegenüber eine sehr schlechte Einstellung hatte. Die Angst war für mich immer da. Da war es ganz natürlich, daß ich niemandem gesagt habe, daß ich ein Sinto bin, weil ich vor der Klasse nicht als 'Zigeuner' dastehen wollte. Dennoch fühlte ich mich massiv diskriminiert. Wenn unsere Lehrer oder Lehrerinnen meinten, sie würden mit der Klasse nicht fertig, weil wir zu wild oder zu laut waren und uns nicht so verhielten, wie sie es wollten, dann wurde die ganze Klasse als 'Zigeuner' beschimpft. Es gab auch solche Aussagen wie "Bei Euch gehts ja zu wie bei den Zigeunern" oder "Ihr seid so dumm und faul wie die Zigeuner". Ich konnte nicht darüber sprechen, litt aber unter solchen Bemerkungen und gab mir große Mühe, die Aufmerksamkeit nicht auf mich zu ziehen.

Immer dann, wenn es doch einmal durch irgendeinen Zustand zu einer kurzen Anmerkung über den Krieg kam seitens des Lehrers oder auch der Schüler, dann dachte ich: "Jetzt endlich wird's gesagt, jetzt endlich erfahren sie, was man uns angetan hat". Aber nichts wurde gesagt, niemand hat's gesagt, auch nicht später, als ich nicht mehr in der Schule war.

Wir sind ein Volk mit eigener Sprache und eigener Kultur. Unseren ethnisch-kulturellen Zusammenhalt verdanken wir allein der mündlichen Überlieferung. Das wichtigste Medium mündlicher Überlieferung ist aber in allen Kulturen das Erzählen. Deswegen scheint es mir gar nicht so verwunderlich, daß gerade Sinti und Roma eine ausgeprägte Tradition und Volkskultur im Geschichtenerzählen entwickelt und möglicherweise stärker als die Mehrheitsbevölkerung bis heute bewahrt haben.

Das gleiche gilt wohl auch für die Achtung gegenüber alten Menschen, die für uns Sinti und Roma bis heute selbstverständlich ist. In unseren Augen ist eine Familie gesegnet, wenn sie ihre Alten lange bei sich haben kann. Unsere Familien sind stolz auf ihre Alten. Denn Träger der Überlieferung in der Lebenswelt der Familien sind die alten Menschen. Und wenn alte Menschen erzählen, dann ist ihr Erzählen durchdrungen von eigener Lebenserfahrung und gereifter Lebensanschauung.

Jede Generation ist somit gefordert, die Überlieferung in Zusammenhang zu bringen mit den Entwicklungen der Zeit. Deswegen genügt es nicht, einfach nur nachzuerzählen, was man von anderen gehört hat. Das Erzählen gewinnt an Glaubwürdigkeit und Wirkung, wenn der Inhalt in Einklang gebracht ist mit dem eigenen Leben. Nur was der Erzähler als für ihn selbst bedeutsamen Schatz aus der Fülle eigener Erlebnisse und Erfahrung gehoben hat, kann er so weitergeben an andere, daß diese es im eigenen Erleben wiederentdecken, neu erfahren und selbst begreifen können.

Ich sehe das so: Solange wir Wert legen auf die mündliche Überlieferung unserer Kultur von der älteren Generation auf die jüngere, solange wird das Erzählen für unsere Menschen wichtig bleiben und solange werden die Alten unser Stolz sein und unsere Achtung haben. So eng sind die Dinge des Lebens miteinander verbunden. Davon bin ich überzeugt.

Ich fürchte, daß ich durch meine Ausführungen ein allzu ideales Bild über das Erzählen als Volkskultur bei Sinti gezeichnet habe. Dem muß ich deutlich begegnen. Ich sehe unsere Volksgruppe in einem tiefgreifenden Wandel.

Schon meine Generation als unmittelbare Nachkommen der Überlebenden der rassischen Verfolgung im 'Dritten Reich' mußte einen unüberwindbaren Bruch in der Überlieferung unserer Kultur hinnehmen, denn in vielen Familien der Überlebenden fehlten die alten Menschen. Und die Jüngeren, die überlebt hatten, waren vor der Verfolgung oft zu jung gewesen, um alles in seiner Bedeutung aufnehmen zu können. Denn das mündliche Übergeben der Erfahrung und des Wissens von einer Generation an die nächste braucht Zeit, Wiederholung und Reife. Als Kind oder Jugendlicher nimmt man manches auf, doch begreift man seine Bedeutung oftmals erst viel später. Daß es in der 50er und 60er Jahren kaum alte Menschen gab, haben unsere Menschen damals sehr schmerzlich empfunden; mit ihnen sind eben auch viele Geschichten unwiederbringlich verlorengegangen.

Zudem war der gute Brauch, in geselliger Runde Geschichten zu erzählen, viele Jahre lang überlagert von dem noch dringenderen Bedürfnis, das Grauen der Verfolgung dadurch zu verarbeiten, daß unsere Menschen sich immer wieder gegenseitig ihre Erlebnisse erzählten.[2]

Ich erinnere mich gut an diese Zeit. Noch Anfang der 50er Jahre wußten meine Eltern nichts Näheres von ihren Leuten: hatten sie überlebt und wenn ja, wo wohnten sie jetzt? Alle waren auf der Suche. Wir bekamen oft Besuch von Verwandten oder auch von fremden Sinti, die sich über den Verbleib ihrer Leute erkundigten. Und dann wurde natürlich erzählt, wie es den eigenen Leuten oder einem selbst ergangen war. Wenn die Erwachsenen miteinander sprachen, dann wurde viel geweint, und ich wußte sofort, das hat etwas mit der Zeit der Verfolgung und dem Krieg zu tun, auch wenn ich in meinem Alter damals unmöglich alles verstehen konnte.

Meine Eltern litten sehr unter ihrer Erinnerung und an einem Gefühl von Scham oder Schuld, nur weil sie als einzige überlebt hatten. Dazu kam diese ständige Angst, es könne wieder losgehen. Als in Ungarn der Volksaufstand in den 50er Jahren ausbrach, machten sich meine Eltern und auch andere Sinti in unserer Umgebung große Sorgen, es könne wieder losgehen. Ich kann mich erinnern, daß wir mit vielen Leuten in einem großen Zimmer saßen und die Eltern über dieses Thema sprachen, als es plötzlich draußen einen Knall gab. Wir fuhren alle zusammen und einige schrien: "Um Gottes Willen, jetzt ist eine Bombe gefallen. Es gibt wieder Krieg."

Das alles war sehr bedrückend. Für mich was das die schlimmste Zeit. Dieses ständige Zuhören hat mich sehr belastet. Niemand verlangte von mir, dabei zu sein und zuzuhören. Aber ich mußte einfach hören. Das ging bis Ende der 50er Jahre. Dann ließ das Ganze nach und die Menschen fanden so langsam wieder zurück in ihr alltägliches Leben.

Natürlich lief auch in diesen Jahren unser Leben irgendwie normal weiter. Die Leute waren bemüht, sich in ihrem Leben zurechtzufinden. Es wurde auch gesungen, getanzt, gelacht und es wurde wieder erzählt, wahrscheinlich gar nicht so viel anders als früher. Doch glaube ich, daß die Wirkung dieses Erzählens auf meine Generation anders war.

---

2 Zu diesem Punkt ausführlich der erwähnte Beitrag von F. Maciejewski.

Erzählungen aus der unmittelbar eigenen Betroffenheit haben eine sehr viel direktere Wirkung beim Zuhörer als die Geschichten, die aus einem Abstand zu konkreten Erlebnissen erzählt werden. Wer Unbewältigtes von sich selbst erzählt, der braucht den Zuhörer für sich, zieht ihn hinein in seine innere Not. Wenn man weiß, das Erzählte ist genau das, was ein naher Angehöriger erlebt und erlitten hat, dann trifft dies ins Herz. Man kann sich dem gar nicht entziehen. Ein Erzähler aber, der verdaute Erlebnisse oder aber erfundene Geschichten oder Märchen erzählt, der wendet sich ganz dem Zuhörer zu. Aus dem Schatz eigener Erfahrung bietet er ihm etwas Geformtes an zu dessen persönlichem Nutzen und Gebrauch.

Aus den beschriebenen Umständen heraus war es für meine Generation schwer, vielleicht sogar unmöglich, an der früheren Art der Überlieferung unserer Kultur und Sichtweise wieder anzuknüpfen und den Faden für die nachfolgende Generation weiterzuspinnen. Abgesehen davon machten sich in den nachfolgenden Jahrzehnten noch andere Einflüsse deutlich bemerkbar.

Viele Sinti leben mittlerweile im Alltag, so wie die meisten Menschen der Bevölkerungsmehrheit auch, beschränkt auf die unmittelbare eigene Familie. Sie empfinden es als schwierig, mit der ganzen Verwandtschaft zusammenzukommen oder sich mit mehreren großen Familien irgendwo zu treffen. In den Familien selbst beherrschaft oftmals das Fernsehen die Zeit für Geselligkeit. Wir Älteren richten es uns bequem ein vor dem Fernsehapparat und kommen gar nicht auf die Idee, die Jugend mit Geschichten zu unterhalten und anzuregen. Eine Zeit lang kann eine große Gemeinschaft ausgleichen, was einzelne versäumen. Wenn aber zu viel Zeit verstreicht, wenn immer weniger Menschen ihre Verantwortung für die Überlieferung Sorge tragen, sehen und wahrnehmen, dann verliert sich die Tradition unwiederbringlich. Das ist die Schwäche einer Kultur, die über viele hundert Jahre mündlich von Generation zu Generation weitergegeben wurde.

Ich vermag nicht zu sagen, wohin die Entwicklung führen wird, ob und wie wir unsere Tradition in ein besseres Verhältnis zu diesen neuen Einflüssen bringen werden. Möglicherweise trägt uns auf Dauer die mündliche Überlieferung allein nicht mehr. Ich selbst spüre das Bedürfnis, all das, was ich noch weiß, niederzuschreiben und auf Papier festzuhalten. Dieses Bedürfnis wurzelt in meiner eigenen Unsicherheit darüber, ob meine Generation und die meiner Kinder dieser Entwicklung zum Trotz die Kraft haben werden, das, was unsere Kultur ausmacht, an die nachfolgende Generation überzeugend weiterzuleiten. Ich denke, daß es höchste Zeit wird, daß wir uns auf unsere Verantwortung gegenüber den kommenden Generationen besinnen. Denn nur wer die Chance hatte, die eigene Kultur kennenzulernen, hat die Möglichkeit, die Tradition zu verstehen und sich damit kritisch auseinanderzusetzen, so daß er nach eigenem Willen als Sinto oder Sintezza leben kann.

Wir müssen auch erkennen, daß eine Minderheit immer an ihrem kulturellen Beitrag innerhalb der Gesamtgesellschaft gemessen wird. Sie hat die Möglichkeit, ihren Stellenwert innerhalb der Gesellschaft aktiv zu beeinflussen, je nachdem, wie sie die eigene Kultur fruchtbar machen kann für andere. Findet dies Anerkennung und Wertschätzung, dann wirkt dies auch wieder positiv zurück auf die eigenen Leute. Wir haben etwas zu geben und wir können stolz darauf sein.

Ein für alle nachvollziehbares Beispiel ist unsere Musik. Überall in Europa war und ist die Musik der Roma und der Sinti in der Volksmusik ein belebendes und prägendes Element. Viele namhafte Komponisten ließen sich von unseren Liedern und Melodien inspirieren. Ohne Zweifel sind unsere Musiker in der Bevölkerungsmehrheit gefragte und anerkannte Künstler. Erst neulich sah ich einen Auftritt von Yehudi Menuhin zusammen mit einem berühmten ungarischen Geiger aus unserer Volksgruppe.

Möglicherweise haben auch unsere Erzähler früher das Denken der Menschen in der Mehrheitsbevölkerung beeinflußt.

Erst neulich las ich eine Geschichte, die den Einfluß eines alten Sinto beschreibt, der Jahr für Jahr den Kindern in einem Dorf seine Geschichten erzählte. Weil wir selbst aber keine schriftlichen Aufzeichnungen haben, weil alle offiziellen Geschichtsschreiber allzusehr in ihren Vorurteilen befangen waren, existieren praktisch keine Hinweise auf Spuren unserer Kultur in der jeweiligen nationalen europäischen Kultur.

Zum Bekenntnis zur eigenen Kultur gehört der Wille, gegenüber den Menschen der Bevölkerungsmehrheit den Wert unserer Überlieferung mit Überzeugung zu vertreten. Wir haben in der Bürgerrechtsbewegung dafür gekämpft, daß in der Presse, in der Öffentlichkeit von uns nicht mehr als 'Zigeunern' gesprochen wird, sondern daß wir so bezeichnet werden, wie wir uns selbst bezeichnen: als Sinti oder Roma. Wir haben es aber nicht geschafft, unseren Stolz, unser Selbstbewußtsein als ein Sinti oder Roma in der Mehrheitsbevölkerung deutlich zu machen. Die Fremdsicht, wie sie im Begriff 'Zigeuner' enthalten ist, konnte in der Öffentlichkeit unser Selbstbild überlagern und die Eigenbezeichnung herabwürdigen. Ich weiß nicht, ob ohne aktives Zutun seitens der Mehrheitsbevölkerung eine andere Entwicklung überhaupt möglich wäre. Ich weiß aber, daß so die Bevölkerungsmehrheit etwas nicht erfährt, was auch für sie wertvoll ist: unsere Vorstellung davon, was es braucht, um im Sinne der Gemeinschaft wirklich Mensch zu werden.

Eingangs hatte ich gesagt, ich werde zunächst nur über das Erzählen als Volkskultur sprechen und erst am Schluß auf die Erzählkunst zu sprechen kommen. Das will ich abschließend einlösen.

Es gab Zeiten, da konnten wir mit Fug und Recht von einer entwickelten Erzählkunst bei Sinti und Roma sprechen. In der 1851 erstmals von Johann Wilhelm Wolf veröffentlichten Sammlung "Deutsche Hausmärchen" finden wir einen Hinweis auf Sinti als Erzähler und Gewährsleute für seine Märchen. Berühmte Erzähler gab und gibt es auch in der Roma-Bevölkerung in Osteuropa. Das wissen die Fachleute wahrscheinlich besser als ich. Die öffentlich ausgeübte Kunst des freien Erzählens ist allgemein sehr gefährdet. Das gilt auf unserer Seite ebenso wie auf Seiten der Mehrheitsbevölkerung bzw. für andere Kulturen.

Andererseits sehe ich aber gerade in der Erzählkunst ein Potential für eine eigenständige künstlerische Betätigung von Sinti und Roma. Wenn es stimmt, daß die Stellung einer Minderheit auch beeinflußt ist von dem kulturellen Beitrag für die Gesamtgesellschaft, dann sollte es uns Sinti ein Anliegen sein, die Menschen als Künstler zu fördern, die hier eine Begabung zeigen und bereit sind, ihren Schatz an Geschichten auf diese Weise zu veröffentlichen.

Vielleicht müssen wir dem, was in früheren Zeiten naturwüchsig geschah, ein bißchen auf die Sprünge helfen. Hier ist unser aller Phantasie gefragt.

Reinhold Lagrene

Die Geschichte von Chinto Mari

Vor langer Zeit wurde hierzulande ein Sintibub geboren. Die Eltern ließen ihn auf den Namen Marian taufen. Marian war ein lebhaftes Kind, das sich schon als Baby durch ständiges lautes Schreien und Herumgezappel und später, als Marian laufen konnte, sich auch noch durch wildes Herumtollen äußerte. Ja, mehr noch, als er ein Bub von etwa acht bis neun Jahren war, verstand Marian es schon, seine ganze Familie und auch die gesamte Verwandtschaft in der Umgebung in Aufregung und in Trab zu halten. Sah man ihn gerade noch vor dem Haus des Nachbarn mit den Kindern herumtollen, konnte man ihn im nächsten Augenblick schon wieder hinter dem Haus herumspringen sehen und im nächsten Moment schon wieder an anderer Stelle. Er allein war ungefähr so lebhaft wie fünf Kinder seines Alters, so hatte man zumindest den Eindruck. Ja, selbst der Herr Pfarrer des Ortes, der Marian getauft hatte, nannte ihn einmal scherzhaft 'Cinquemarian', was so viel wie 'Fünffacher Marian' bedeutete. Der Herr Pfarrer sah dies als einen ganz besonderen Segen Gottes an, daß Marian ein so lebendiges, lebensfrohes Kind war. Und aus dem vom Pfarrer einst scherzhaft genannten 'Cinquemarian' wurde Marian schon bald bei den Sinti Chintomari genannt. Unter diesem Namen kennen ihn wohl fast alle Sinti in Deutschland. Und so werden in vielen Sintifamilien Geschichten über ihn, Chintomari, erzählt, so zum Beispiel diese Geschichte:

Eines Tages kam Chintomari von einer seiner erlebnisreichen Aktionen nach Hause. Er war zusammen mit dem Vater und seinen Freunden auf dem Feld Kartoffelnernten gewesen und hatte sich fürchterlich eingeschmiert. Sicherlich hätte er sich weniger schmutzig gemacht, hätte er wirklich nur Kartoffeln gelesen. Doch Chintomari war eben, wie wir alle wissen, ein Wirbelwind. Eben noch bei den Kartoffeln, dann schon in den Kartoffeln usw. Als er so nach Hause kam, verschlug es Chintomaris Mutter den Atem. Sie schlug die Hände vor ihrem Gesicht zusammen. Nein, so einen Schmutzfink hatte sie noch nicht gesehen: von Kopf bis Fuß voller Lehm verschmiert, die Kleidung, die Haare, das Gesicht, alles eine Pampe.

Chintomari wurde von seiner Mutter fürchterlich geschimpft; doch konnte die Mutter ihrem Kind nicht wirklich böse sein, denn unter all dem Schmutz blickten sie zwei glücklich strahlende Augen an. Aber im nächsten Moment schon blickten diese Augen entsetzt die Mutter an: Nachdem Chintomaris Mutter ihrem Sohnemann mitteilte, daß sie ihn jetzt besonders tüchtig abschrubben werde, wie sie es nannte. Chintomari graute es bei dem Gedanken. Denn für Chintomari gab es nichts Schlimmeres, als von der Mutter in den Bottich gesteckt zu werden. Verzweifelt versuchte Chintomari, dieser Prozedur zu entgehen. Doch vergeblich. Schon hatte ihn die Mutter entkleidet und -brrr! - in den Bottich voller kaltem Wasser gesteckt. Das war zuviel für Chintomari, und ehe die Mutter noch recht wußte, was geschah, sprang ihr Chintomari unter den Händen weg, splitterfasernackt, so, wie ihn Gott erschaffen hatte, geradewegs aus der Tür, die der Vater gerade beim Eintreten geöffnet hatte. Flutsch! Weg war er.

Die Mutter war sprachlos, fing sich dennnoch recht schnell wieder und stürzte ihrem Buben hinterher. Der Vater schüttelte nur den Kopf und meinte: "Den wird der Hunger schon recht bald wieder zurückbringen. Dieser Schlingel!"

Unterdessen rannte Chintomari nackt die Straße entlang. Zum Glück begegnete ihm niemand, denn es war, wie schon gesagt, Kartoffelernte, und die meisten Leute waren beim Kartoffellesen. Chintomari bog an einer Straße ab und in diesem Moment hörte er auch schon die Mutter nahen, die ihn beim Namen rief und ihn aufforderte, stehenzubleiben und sofort nach Hause zurückzukehren. Aber dazu hatte Chintomari absolut keine Lust und rannte nun in ein großes, weit offen stehendes Hoftor. Oh weh! Die Mutter rief schon wieder und war ihm hartnäckig auf den Fersen. Wohin nur schnell? Wohin? Ach, da stehen ja Fässer im Hof und - schwupp - mit einem gewaltigen Satz sprang Chintomari in eines der Fässer, um sich vor der Mutter zu verstecken und vor dem, was ihn zu Hause erwartete, nämlich im alten Bottich der Mutter abgeschrubbt zu werden. Aber - oh Schreck! In dem Faß, in das Chintomari sprang, befand sich Pech, das der Bauer für irgendeinen Zweck gerichtet hatte. So ein Pech im wahrsten Sinne des Wortes! Ausgerechnet dieses Faß mußte er erwischen! Nichts wie raus aus diesem garstigen, klebrigen Zeug!

Chintomari stieg heraus aus dem Faß. Und schon wieder hörte er die Mutter, die ihm noch immer dicht auf den Fersen war, seinen Namen rufen. "Verflixt! Die Mutter ist aber hartnäckig!" dachte sich Chintomari.

Also, was solls. Ab ins nächste Faß! Im schlimmsten Fall ist wieder Pech drin, und hopps! Weg war er wieder. Doch diesmal war kein Pech im Faß, sondern schöne, weiche Federn, die die Bauersleut vor noch nicht allzu langer Zeit den Gänsen ausgezupft hatten. Ja, da saß er nun, geteert und gefedert. Das hatte er nun davon! So konnte er es erst recht nicht wagen, seinen Eltern, der Mutter vor allen Dingen, unter die Augen zu treten. Er mußte raus aus diesem engen Behältnis. Und erneut wagte es Chintomari und kroch aus dem Faß. Chintomari konnte aber gar nichts erkennen, denn das Pech und die Federn hatten ihm die Augen verklebt. Zudem hingen ihm auch noch die Haare ins Gesicht. Er wischte sich nun so gut er konnte, das Pech und die Federn von den Augen und drehte sich zu allem Übel zwei Strähnen Haare auf dem Kopf zusammen. Nun hatte er zu seinem erschreckenden Aussehen auch noch zwei Hörner, eines links und eines rechts. Er sah nun wie der Leibhaftige aus. Armer Chintomari! Aber nun mußte er weg von hier, denn wenn ihn jetzt auch noch der Bauer erwischte, dann würde es ihm sicherlich noch viel schlechter ergehen. "Am besten, ich laufe zu meiner Tante." dachte sich Chintomari.

Seine Tante wohnte zwei Kilometer weiter in der nächsten Ortschaft. Sie war die Schwester des Vaters. Sie wohnte dort mit ihrem Mann und den zwei Kindern. Aber so einfach, wie Chintomari sich das vorgestellt hatte, sollte es nicht werden. Denn kaum hatte er die Ortschaft verlassen, mußte er sich auch dort ständig in Deckung halten, denn er wollte den Leuten auf den Feldern nicht begegnen. Er war ja nackt und außerdem geteert und gefedert.

Es gelang ihm, den Menschen auf den Feldern unsichtbar zu bleiben, aber die Tiere, die Hunde vor allem, wurden ihm zum Verhängnis. Sie jagten ihn schließlich laut kläffend vor sich her bis vor die nächste Ortschaft. Da sah Chintomari einen Bauernhof auftauchen. Es war auch höchste Zeit, denn die Hundemeute machte ihm zu schaffen. Und so überlegte er nicht lange und sprang mit einem Satz in ein offenstehendes Fenster des Bauernhauses und landete klirrend und scheppernd mitten auf dem gedeckten Tisch der Bauersleute, die gerade beim Essen saßen. Welch ein Schreck! Den Bauersleuten fielen die Gabel und das Messer aus den Händen. Der Bissen blieb ihnen im Halse stecken. Mit weit aufgerissenen Augen starrten sie auf das Wesen, das da so plötzlich aus dem Nichts durch das Fenster auf ihrem Tisch gelandet war. Das mußte der Leibhaftige sein! Entsetzt wichen sie zurück. Aber auch Chintomari erschrak nicht schlecht, als er ausgerechnet auf dem Tisch der Leute landete, die zudem gerade am Tisch zum Essen saßen. "Das gibt Ärger!" wußte Chintomari und aus lauter Angst vor dem Bauer machte er einen weiteren Satz vom Tisch auf die Kommode und von der Kommode mit einiger Anstrengung auf den alten Kleiderschrank. Da saß er nun und verkroch sich ganz nach hinten ins Eck, so gut es ging und verhielt sich ganz still. Der Bauer faßte etwas Mut und näherte sich vorsichtig, aber mit einem Besen bewaffnet, dem Kleiderschrank. Chintomari wiederum hatte Angst, vom Bauer verprügelt zu werden und in seiner Bedrängnis schleuderte er dem Bauer ein paar Schuhe entgegen, von denen sich nicht wenige auf dem Schrank befanden. Der arme Bauer ergriff daraufhin die Flucht. Unter Wehklagen und sich ständig bekreuzigend schickte er rasch einen seiner Knechte zum Pfarrer. Der Herr Pfarrer, der zunächst überrascht und ungläubig reagierte, ließ sich schließlich überreden, mit auf den Hof der Bauersleute zu gehen, um nach dem Rechten zu sehen. Immerhin! Dem Leibhaftigen war er noch nie persönlich begegnet, aber so recht glauben mochte er es doch nicht. Oder etwa doch?

Schon, als der Herr Pfarrer das Zimmer betrat, sträubten sich ihm die Haare. "Es riecht penetrant nach Pech und Schwefel!" stellte der Herr Pfarrer mit Schrecken erregt fest. Vorsicht war geboten! Mit Bibel, Kreuz und Weihwasser bewaffnet, mit ständigem Aufsagen von das Böse bannenden Beschwörungsformeln näherte sich nun der Herr Pfarrer ganz vorsichtig dem Kleiderschrank, auf dem Chintomari noch immer angstgebannt saß. Als nun der Herr Pfarrer sich so weit dem Schrank genähert hatte, daß er es vermochte, mit Weihwaserspritzer auch auf den vermeintlich Bösen einige Spritzer anbringen zu können, faßte der Herr Pfarrer seinen ganzen Mut zusammen, denn immerhin, bis jetzt war ja alles ganz gut gelaufen. Nichts rührte sich. Mit einem beherzten Schritt nach vorne und einem "Weiche, böser Geist!" spritzte der Herr Pfarrer Chintomari einige Spritzer Weihwasser ins Gesicht, ohne ihn jedoch zu sehen, denn Chintomari hatte sich ganz flach hinter einigen Stiefeln und Schuhen auf dem Schrank hingestreckt, fuhr aber nun, in die Enge getrieben, mit einem wilden Faucher hoch. Der dem Herrn Pfarrer so ansichtig gewordene, gehörnte Leibhaftige, Böse, ließ den armen Pfarrer vor Schreck und Entsetzen die Knie schlottern. Wie versteinert blieb er stehen. Die Stimme versagte. Er hatte noch nie so etwas Entsetzliches gesehen. Er meinte, geradezu zu verspüren, wie das Böse nach seiner armen Pfarrerseele griff, um sie mit sich zu reißen in die ewige Finsternis. Bibel und Weihwasser entfielen seinen Händen. Mit einem lauten Scheppern fiel das große eiserne Kruzifix um, das der Herr Pfarrer mit Mühe herangeschleppt hatte und das er mutig bis dahin an seiner Brust gelehnt hatte. Im selben Moment, vor lauter Angst und Schrecken, warf Chintomari dem Herrn Pfarrer einen großen Stiefel an den Kopf, der daraufhin aus seiner Erstarrung erwachte und wie von der Tarantel gestochen aus dem Zimmer stürzte, zudem ihn Chintomari ständig mit Schuhen und Stiefeln bepfefferte. Vor der Tür brach der Herr Pfarrer in die Knie zusammen. Er war am Ende. Solch eine Macht des Bösen hatte er nicht erwartet; er wußte nicht mehr weiter. Er war mit seinem Latein am Ende.

Den entsetzten Bauersleut' des Hofes konnte er nur noch raten, das Haus unter keinen Umständen zu betreten, denn hier gingen gar fürchterliche Dinge zu. Vielleicht war gar der ganze Hof für immer verloren. Er sehe nur noch eine Möglichkeit, den Hof von dem bösen Geist zu retten, wenn er den Herrn Bischof unterrichtet und ihn darum bittet, hier selbst zu wirken. Mit einigen Blessuren und weichen Knien verabschiedete sich schleunigst der Herr Pfarrer.

Inzwischen hatte es sich im Ort herumgesprochen, daß sich beim Moosbauer der Leibhaftige eingenistet hatte. Und so gelang die Nachricht schon kurze Zeit später auch zu den Eltern von Chintomari, die inzwischen bei der Tante von Chintomari im Nachbarsort angelangt waren und sich um ihren Sohn sorgten. Mittlerweile wurde es schon dunkel, aber dennoch machten sich die Eltern sogleich auf den Weg zum Moosbauerhof.

Als sie den Moosbauerhof erreichten, konnten sie schon aus einiger Entfernung Leute, die zwar leise, aber dennoch aufgeregt und ratlos miteinander diskutierten, erkennen. Chintomaris Eltern traten zu den Leuten, die sich zumeist bedauernd um die Bauersleut' gruppiert hatten. Es gab auch auch einige, die schadenfroh waren, "es wäre die gerechte Strafe Gottes", sagte man doch dem Moosbauer übermäßige Habgier und Geiz nach. Einige der Leute meinten schließlich, man müßte das ganze Anwesen anzünden und verbrennen, das Feuer hätte reinigende Kraft, dagegen wäre wohl auch der Leibhaftige machtlos. Als die Moosbauersleut' dies hörten, fingen sie erneut an, ganz erbärmlich zu jammern und zu wehklagen. Ja, der Moosbauer bedauerte sogar aufrichtig, daß er solch ein undankbarer Mensch gewesen war, hatte es doch Gottes Schöpfung bisher so gut mit ihm gemeint, all seine Speichern und Kammern waren randvoll mit all den göttlichen Gaben. Es fehlte ihnen an nichts. Gerne hätte er demjenigen, der seinen Hof von dem Übel befreite, einen ganzen Wagen voller Speisen und Trank gegeben. Auch an einem guten Batzen Bares sollte es nicht gefehlt haben. Chintomaris Mutter erschrak sehr, als sie hörte, man solle doch das ganze Anwesen niederbrennen, hatte sie doch das sichere Gefühl, daß nicht der Leibhaftige, sondern ihr Sohn Chintomari das ganze Durcheinander verursacht hatte.

Chintomaris Taucher in Pech und Federn war der Mutter nicht entgangen. Sie konnte sich gut vorstellen, wie ihr Sohn nun aussehen mußte. Sicherlich war es kein erfreuliches Aussehen. Sie mußte es einfach wagen, in das Haus des Bauern zu gehen, um ihren Sohn, der sich wohl noch immer im Haus des Bauern befand, vor dem sicheren Tod zu bewahren.

Sie trat zum Bauern - einen ganzen Wagen voller Speisen und Trank, dazu noch einen Batzen Bares könne sie allemal gut gebrauchen - und schlug dem Bauern vor, daß man sie es doch versuchen lassen sollte, den Hof vom bösen Geist zu befreien, denn sie wußte noch einen uralten Beschwörungsspruch, den ihre Urgroßmutter einst auf einer Pilgerfahrt nach Rom vom Heiligen Vater, dem Papst selbst, genannt bekommen habe (was natürlich nicht stimmte, aber aus Angst um ihren Sohn sah sie keine andere Möglichkeit, als dies zu behaupten, um in das Haus zu gelangen). Die Leute verstummten, ja sie erschraken geradezu, als sie das hörten. Es gab also wirklich jemanden, der es wagte, dieses Haus, in dem sich der Leibhaftige selbst eingenistet hatte, zu betreten. Hatte doch vor kurzem noch der Herr Pfarrer davor gewarnt, dieses Haus unter keinen Umständen zu betreten, denn hier würden gar fürchterliche Dinge vor sich gehen. Dem Bauer war es recht. Ihm war es egal, wer so dumm war, dieses Haus zu betreten. Hauptsache, es gelang demjenigen, sein Haus und Hof von dem Übel zu befreien.

Und so schritt nun Chintomaris Mutter mit bangem Herzen in Richtung Bauernhaus. Auch sie hatte Angst. Was, wenn sie sich nun trotz allem getäuscht hatte und es war nicht Chintomari, der sich im Haus des Bauern befand, was war es dann sonst? Als Chintomaris Mutter kurz vor dem Haus angelangt war, hob sie beschwörend die Arme und begann laut auf Romanes zu sprechen mit der Hoffnung, daß sich Chintomari im Haus befand und er sie hören konnte. Sie teilte ihm mit, in welch großer Gefahr er sich befände und daß man erwogen habe, den ganzen Hof niederzubrennen mit allem Drum und Dran oder aber beherzte Bürger des Ortes würden mit Hunden und Knüppeln bewaffnet das Haus stürmen und ihn dann aus lauter Angst sicherlich zu Tode prügeln. Er solle ihr doch ein Zeichen geben, wenn er sie verstanden habe, sie käme jetzt ins Haus.

Chintomari hatte seine Mutter sehr gut verstanden. Ihm wurde bewußt, in welch einer brenzligen Situation er sich tatsächlich befand. Zudem hatte er auch noch fürchterlichen Hunger und Durst. Er war müde und fühlte sich ganz miserabel. Da konnte Chintomari nicht mehr anders; er fing ganz erbärmlich an zu heulen. Er plärrte so laut, daß es auch alle herumstehenden Leute hörten, die entsetzt zurückwichen und sich bekreuzigten, während Chintomaris Mutter, die ihren Sohn an seinem Heulen und Plärren erkannte, erleichtert und glücklich darüber, ihren Sohn endlich gefunden zu haben, nun mit festem Schritt und energisch erhobenem Kopf laut murmelnd ins Haus trat, wo ihr auch schon Chintomari weinend entgegenkam. Chintomaris Mutter stockte der Atem, als sie ihrem Sohn ansichtig wurde. Kein Wunder, daß die Bauersleut und der Herr Pfarrer Reißaus nahmen. Chintomari sah wirklich zum Fürchten aus. Der Mutter aber tat ihr Sohn von Herzen leid, denn das war doch zuviel für ihn gewesen. Aus einem Dummenjungenstreich war nun plötzlich eine so ernste bedrohliche Sache für die Beteiligten und Betroffenen geworden. Für Chintomari würde es sicherlich für die Zukunft eine Lehre sein, die er erfahren hatte.

Der Vater von Chintomari hatte sich derweil zurückgehalten. Natürlich machte auch er sich Sorgen über den Verbleib seines Sohnes, daß die Dinge jedoch diesen Verlauf nehmen würden, hätte er nie gedacht. Nachdem er mit der Mutter zu der Schwester gelaufen war und sie auch dort ihren Sohn nicht antrafen, war die Nachricht über die Ereignisse auf dem Moosbauerhof auch für den Vater noch die eheste Möglichkeit, dort seinen Sohn anzutreffen. Als er nun sah, daß die Mutter das Haus betrat und er danach auch das Heulen und Plärren hörte, wußte er, was er zu tun hatte. Hätten die Bürger gewußt, daß es nur Chintomari, der kleine Junge der Sinti-Familie, war, würde man sicherlich darüber gelacht haben, aber der Moosbauer und noch einige andere Leute würden nicht darüber lachen können, denn sie wären zum Gespött der Leute geworden. Für Chintomaris Eltern hätte es böse Folgen gehabt.

Und so begab sich der Vater unauffällig zur Rückseite des Hauses und nahm dort seinen schluchzenden Buben in Empfang. Hose, Hemd und Kapuze waren schnell übergezogen und schon sah Chintomari wieder wie ein richtiger Mensch aus. Unbemerkt und unerkannt von allen herumstehenden Leuten spazierte der Vater mit Chintomari geradewegs durch die Menge hindurch und machte sich mit seinem Sohn schleunigst auf den Heimweg. Die Mutter unterdessen trat nun wieder aus dem Haus. Allerdings hatte sie zuvor noch für einen rechten Lärm im Haus gesorgt. Sie rückte Stühle, Tische und Kommode, zerschlug einige Teller und Tassen und auch ein Fenster, aus dem sie 'das Böse' gejagt hatte, wie sie später den Leuten berichtete. Mit rußverschmiertem Gesicht und zerzausten Haaren machte sie sich ebenfalls rasch auf den Heimweg. Als sie die Leute passierte, wichen diese angstvoll vor ihr zurück.

Am nächsten Morgen fuhr ein Wagen, von zwei Pferden gezogen, vor das Haus der Eltern Chintomaris. Zwei Knechte des Moosbauern entluden wortlos, ja schon eher angstvoll, die sich darauf befindlichen Lebensmittel. Auch den Batzen Bares übergaben sie den Eltern ohne Wort und ohne Dank des Bauern. Alle Bürger der näheren Umgebung wichen nun der Familie aus. Man sagte ihnen nach, sie stünden mit dem Bösen im Bunde. Daraufhin zog die ganze Familie mit Verwandtschaft weit fort, wohin, ist nicht bekannt.

Der Winter

Am Stadtrand eines Städtchens stand ein schönes Haus. Darin wohnten ein Mann und seine Frau. Sie waren nicht reich, aber auch nicht arm, denn der Mann ging auf Arbeit aus; man gab ihm gutes Geld dafür. Die Hälfte davon steckten sie in einen alten Strumpf; das taten sie viele Jahre lang.

Eines Tages sagte die Frau: "Mann, durchs Dach regnet es, durch Tür und Fenster pfeift der Wind. Bring es in Ordnung." "Ich habe keine Zeit, ich muß Geld verdienen." antwortete der Mann. "Aber was tun wir mit all dem Geld nur?" fragte die Frau. Da erwiderte der Mann: "Das ist für den Winter, heb es für den Winter auf."

Eines Tages, der Mann war wieder zur Arbeit rausgegangen, traf er auf seinem Weg einen alten Sinto, der ebenfalls auf Arbeit aus war und gut dachdecken und zimmern konnte. "In meinem Haus regnet es, durch Tür und Fenster pfeift der Wind." sagte der Mann, "Bringe es in Ordnung und laß es dir von der Frau gut bezahlen. Sag ihr, daß ich dich geschickt habe." Gesagt, getan. Der alte Sinto brachte Dach, Tür und Fenster der Leute gut in Ordnung. Die Frau rief ihn herein und fragte nach seinem Namen. "Mein Name ist Winter." sagte der alte Sinto. "Was? Winter ist dein Name?" "Ja, ich bin der Winter." "Oh, hier ist viel Geld für dich." sagte sie und ging hinaus, um den Strumpf zu holen, welcher voll mit Geld war. Der alte Winter war erstaunt, doch nahm er den Strumpf und ging fort.

Als der Ehemann nach Hause kam und sich niedersetzte, erzählte die Frau, daß der Winter da gewesen sei wegen des Geldes. "Was sagst du da?" rief der Mann. "Hast Du ihm etwa das ganze Geld gegeben?" "Ja," sagte die Frau, "ein alter Mann war hier, der hieß Winter. Dem habe ich den Strumpf gegeben." "Du hast uns zum Gespött aller Leute gemacht." sagte der Mann. "Laß uns von hier fortziehen." Da verkauften sie ihr Haus und verließen die Gegend.

Philomena Franz

Zigeuner - Sinti - Mensch

Ich beginne mit einem Märchen von einem 'Zigeuner'jungen, der Vater und Mutter verloren hat und auf sich selbst angewiesen war. Dieses Märchen enthält sehr viel von unserer Mentalität und der Liebe zur Musik.

Es war einmal ein armer Zigeuner, der hieß Snogo, er hatte nichts als die Lumpen an seinem Leibe, einen kleinen Rucksack mit den wenigen Habseligkeiten - ja, und dann natürlich seine Geige. Es war eine wundervolle Geige; sie war alt, sehr alt, viel älter als Snogo selbst.

Er hatte sie von seinem Vater bekommen, damals, als er noch ein kleiner Junge war und mit dem Vater im Wohnwagen durch die Lande fuhr.

Aber dann, als sein Vater starb, hatte er den Wohnwagen verkaufen müssen, und lange hatte er sich die Geige angeschaut. "Nein, niemals werde ich mich von dir trennen", sagte er, hatte sich die Geige unter den Arm genommen und war mit ihr in die weite Welt gezogen.

Immer, wenn er unterwegs traurig wurde oder sich einsam fühlte, holte er die Geige aus dem Kasten, und wenn er den Bogen langsam, über die Saiten führte, erklangen gar wundervolle Melodien. Dann kamen alle Vöglein herbeigeflogen und setzten sich in die Zweige des Baumes, unter dem Snogo saß, um zu den wundervollen Melodien zu zwitschern, und all die anderen Tiere des Waldes, der Hase, das Reh und der listige Fuchs, sie verloren ihre Scheu und kamen herbei, wenn sie Snogo auf seiner Geige spielen hörten, und dann wurde auch Snogo wieder sehr fröhlich. Aber die Menschen, die waren irgendwie ganz anders, wenn sie Snogo auf seiner Geige spielen hörten.

Die Menschen hatten es immer alle furchtbar eilig; sie blieben selten stehen, um ihm zuzuhören, sie hatten ja immer wenig Zeit. Manchmal, da warfen ihm einige ein paar Groschen hin, wenn sie den armen Schlucker in seinen Lumpen dort sitzen sahen. Das taten sie, weil sie Mitleid mit ihm hatten, aber das Lied seiner Geige, das hörten sie nicht.

Mit diesen Groschen kaufte Snogo sich das Allernötigste zum Leben; es war ja nicht viel, was er brauchte.

Im Sommer übernachtete er im Freien. Aber wenn dann der Herbst mit seinen Stürmen und der kalte Winter mit Frost und Eis kamen, begann für ihn eine schlimme Zeit, und nur selten fand er ein mitleidiges Herz, das ihm hin und wieder ein Dach über dem Kopf oder auch nur ein wenig Stroh zur Verfügung stellte.

So zog nun unser Zigeuner viele Jahre durch die Welt, durch fremde Länder und Städte, vorbei an Flüssen und großen Seen, über Wiesen und Äcker und durch die weiten, weiten Wälder. Wenn das Lied seiner Geige erklang, dann war es, als läge ein Zauber über der Natur.

Eines Tages kam er an einem prachtvollen Garten vorbei, der von einer hohen Hecke umgeben war. Darin wuchsen die herrlichsten und wunderschönsten Blumen und die Bäume und Büsche waren unendlich groß und hoch, und es ging ein wundersamer Duft von ihnen aus.

In diesem Garten stand ein riesiges Schloß, das funkelte von Gold und Edelsteinen. Darin wohnte ein alter Graf, von dem es hieß, daß er der weiseste Graf im ganzen Lande sei. Er hatte eine Tochter; sie war das schönste Mädchen im ganzen Lande, voller Anmut und Zierde, aber über all ihrem Reichtum hatte sie das Lachen und Weinen verlernt. Die weisesten und besten Ärzte des Landes wurden zu Rate gezogen, aber niemand hatte dem schönen Kind bisher helfen können, und darüber war der alte Graf sehr unglücklich.

Geblendet von all der Schönheit stand Snogo vor dem goldenen Gartentor und schaute und staunte. Es war etwas in diesem Garten, an diesem Schloß, etwas Unbeschreibliches, nicht in Worte zu fassendes, was ihm sein Leben trotz aller Armut glücklich und zufrieden erscheinen ließ.

Waren es die Vöglein, die nicht sangen, oder die Tiere, die nicht herumliefen, sondern versteckt unter der Hecke s aßen? Da sah Snogo auf einmal, wie das goldene Schloßtor aufging und der alte Graf sich mit seiner Tochter in den Garten setzte. Es kamen Diener herbei und brachten die köstlichsten Speisen. Als Snogo die gebratenen Hühnchen und den leckeren Wein sah, lief ihm das Wasser im Munde zusammen. Und weil er gar so hungrig war und schon lange nichts mehr gegessen hatte, faßte er sich schließlich ein Herz, und mit freundlicher Stimme rief er in den Garten hinein:

"Herr, ich bitte Euch, gebt mir ein wenig von Euren Speisen." Da schaute der Graf zu dem goldenen Gartentor, und als er den armen Zigeuner in seinen Lumpen sah, wurde er von Zorn ergriffen, und mit wütender Stimme sagte er: "Scher' dich zum Teufel, Lumpenpack!" Da schaute der Zigeuner traurig den Grafen an, aber in dessen Augen war nur Haß. Da wußte der Zigeuner, daß auch sein Herz kalt war, und er wußte auch, warum die Vögel in diesem Garten nicht so fröhlich singen konnten.

"Herr", sagte er da, "solange Ihr dem anderen sein Anderssein nicht verzeihen könnt, seid Ihr weitab von dem Weg der Weisheit."

Da schüttelte der Graf sein weises Haupt, aber er mußte noch lange über diese Worte nachdenken.

Snogo war schnell weitergegangen, und an einem schattigen Plätzchen vor dem Schloßpark hatte er seine Geige herausgeholt und zu spielen begonnen. Auf einmal war es, als würde der ganze Schloßgarten verwandelt: die Vöglein fingen an zu singen, leise bewegten sich die Baumwipfel im Wind, und die Häschen und Kaninchen kamen aus den Hecken und Büschen hervor, unter denen sie vorher scheu versteckt waren. Weit bis ins Schloß hinein erklang die Zaubermusik.

Draußen im Garten konnte die Tochter des Grafen auf einmal lachen und weinen, singen und tanzen, und ihr Herz war von unendlicher Wärme und Güte erfüllt. In ihren Augen war ein Strahlen und Leuchten, goldener als die Sonne am Himmel. Als der alte Graf seine Tochter, die niemals gelacht hatte, so fröhlich sah, da ward auch sein Herz von einer tiefen Seligkeit erfüllt, und als er die wundervollen Geigenklänge hörte, fragte er: "Was mag das sein, woher kommen diese Weisen?"

"Herr, sprach einer seiner Diener, "es sitzt ein Geiger vor dem Schloßgarten, ein merkwürdiger Kauz."

"Schafft ihn mir her", sagte der Graf.

Da zogen die Diener los, den seltsamen Geiger zu suchen, und dann brachten sie dem Grafen schließlich den Zigeuner. Da erschrak der Graf zuerst, als er den Zigeuner wiedererkannte und fragte ihn:

"Seid Ihr der Geigenspieler?"

"Ja, Herr, der bin ich!"

Da erinnerte sich der Graf an die Worte des Zigeuners, und er schämte sich sehr.

"Ihr seid ein wahrhaft seltsamer Kauz, und großes Unrecht tat ich Euch, aber Ihr habt meiner Tochter das Lachen und Weinen gelehrt, Ihr habt diesen Garten und dieses Schloß verwandelt. Durch Eure Musik ist etwas Wundervolles geschehen.

Verzeiht mir, daß ich Euch Euer Anderssein nicht verzieh. Fortan sollt Ihr mein Hofmusikant sein, und es soll Euch an nichts fehlen!"

So wurde Snogo Hofmusikant und das Lied seiner Geige in aller Welt bekannt.

Es folgt als nächstes die Geschichte von Pappi, dem klugen Gänslein.

Zwischen tiefen Wäldern fließt das Wasser der Donau dahin. Am Ufer des Flusses lebte einst eine Zigeunerfamilie. Sie war sehr musikalisch und verdiente ihren Lebensunterhalt mit der Musik.

Wenn die rauhen Winter vorüber waren und der Frühling mit seinen milden Sonnenstrahlen die Natur wieder zum Leben erweckte, zogen die Zigeuner mit ihrem Wohnwagen von einem Ort zum anderen. Sie waren sehr glücklich und zufrieden mit ihrem Dasein; sie liebten das Leben und alles, was es ihnen schenkte: den Wald und die Blumen, die Büsche und Sträucher, die Äcker und Wiesen.

Eines Tages nun, als die Zigeuner mit ihrem Wohnwagen auf einer Lichtung am Waldesrand standen und die Kinder draußen fröhlich herumtanzten und musizierten, kam auf einmal eine Bäuerin vorbei. An ihrem Arm trug sie einen großen Korb. Weil nur selten Fremde am Wohnwagen der Zigeuner vorbeikommen, unterbrachen die Kinder ihr Spiel und scharten sich neugierig um die alte Frau mit dem riesigen Korb.

Als die Bäuerin die Kinder mit ihren großen, dunklen und fragenden Augen sah, öffnete sie den Korb.

"Schaut", sagte sie.

"Oh", riefen die Kinder entzückt; denn sie sahen in dem riesigen Korb viele kleine Gänseküken, so fein, so zart war ihr Flaum; und weil die Kinder so vor Freude jauchzten, sagte die alte Bäuerin: "Sucht euch das Schönste und Größte aus. Ich möchte es euch schenken. Ich glaube bestimmt, daß das Küken es gut bei euch haben wird."

So bekamen die Zigeunerkinder ihr Gänslein, und sie tauften es auf den Namen 'Pappi' (d.h. in Romanes Gänslein). Pappi wurde schnell der Liebling der Zigeunerkinder und von allen sehr verwöhnt.

Der Sommer verging, und Pappi war inzwischen recht groß und stattlich geworden. Zudem war es klug; es verstand die Sprache der Zigeuner und hatte ausgezeichnet tanzen gelernt.

Als der Spätherbst Sturm und Regen mit sich brachte, kehrten die Zigeuner wieder in die Wälder zurück, um dort ihr Winterlager aufzuschlagen. Doch zu dieser Zeit war höchste Vorsicht geboten, denn in den Wäldern strolchte ein böser Fuchs herum, und das war natürlich besonders für das Gänslein sehr gefährlich.

"Pappi", sagte daher der kleiner Zigeunerjunge, der Pappi besonders in sein Herz geschlossen hatte, "du mußt nun besonders vorsichtig sein und darfst nicht allein in den Wald gehen, denn im Wald ist der böse Fuchs, und wenn er dich erwischt, bist du des Todes, und dann wären wir alle furchtbar traurig."

"Habt keine Angst um mich, ich werde schon aufpassen", sagte Pappi, und es versprach den Zigeunerkindern hoch und heilig, nicht allein in den Wald zu gehen.

An einem kalten Wintermorgen, als die Zigeunerkinder gerade in der Schule waren, ging Pappi alleine spazieren, um sich ein wenig Futter zu suchen. Ohne es zu wollen, war das Gänslein auf einmal doch in den Wald geraten. Zuerst war es mächtig erschrocken, doch weil es im Wald so schön war und die Luft gar so klar, dachte es bei sich: "Ach, mir wird schon nichts passieren, wenn ich nur ganz am Rand bleibe, da wird der böse Fuchs sicherlich nicht hinkommen."

Und so ging das Gänslein unbesorgt weiter spazieren, und es war sehr vergnügt dabei.

Der böse Fuchs aber hatte das Gänslein schon längst entdeckt; und wie es so fröhlich durch den Wald wanderte, da lachte er und sagte sich: "Ei, das wird ein feiner Mittagsschmaus." Er schlich zu einer dicken Eiche, versteckte sich dort und wartete auf das Gänslein. Als Pappi vorbeikam, packte der Fuchs es am Kragen. Pappi schlug heftig mit den Flügeln und hatte große Angst. "Ach, lieber Fuchs", sprach es da in seiner höchsten Not und letzten Verzweiflung, "bevor ich nun sterben muß, bitt' ich Euch, erfüllt mir noch einen Wunsch."

"Nun gut", sprach der Fuchs und ließ das Gänslein los, aber er paßte scharf auf, daß es ihm nicht davonlief. "Welchen Wunsch hast Du denn noch?"

"Für mein Leben gern habe ich getanzt. Ich bitte Euch, laßt mich noch einmal nach Herzenslust tanzen."

"Wenn's weiter nichts ist", sagte der Fuchs, "so soll dir dieser Wunsch gewährt werden."

Da fing das Gänslein an zu tanzen, und es tanzte so wunderbar, daß der Fuchs ganz hingebungsvoll zuschaute. Wie der Wind drehte es sich im Kreise, aber auf einmal hob es die Flügel und flog blitzschnell davon. So hatte das kleine Gänslein den schlauen Fuchs überlistet.

Der Fuchs sah ihm mit offenem Mund nach, und wutschäumend knirschte er mit den Zähnen: "So etwas wird mir in meinem ganzen Leben nie wieder passieren. Vor dem Essen wird bei mir nicht mehr getanzt!"

Daniel Strauß

Eine kritische Revision von publizierten Märchen, Vorworten, Verlagsankündigungen und Rezensionen

Das Thema unserer Tagung, die Erzählkunst der Sinti und Roma, hat sich im Wesentlichen auf zwei große Problemfelder verteilt. Zum einen ging es um Sinti und Roma als Erzähler und Schriftsteller, zum anderen um Sinti und Roma als handelnde Personen in Erzählungen und Märchen. Bevor Sinti und Roma als handelnde Personen in Geschichten und Märchen vorkommen, sind sie erst einmal die Produzenten von Geschichten und/ oder Texten. Häufig genug wurden sie in der Vergangenheit freilich nur als Lieferanten von Rohmaterial betrachtet. Bearbeitung und Herausgabe lagen in den Händen von Nicht-Sinti bzw. Nicht-Roma. Dies war immer auch ein Widerspruch zwischen einer oralen Erzähltradition auf der einen, der Tradition einer 'harten' Textverarbeitung auf der anderen Seite.

Ein Ziel der Tagung war es deshalb, diesen Produktions- und Verwertungszusammenhang kritisch zu durchleuchten. Dies geschah, indem Erzähler und Schriftsteller der Minderheit zu Worten kamen, auch dadurch, daß entgegen dem herrschenden Klischee der Geschichtslosigkeit auf die Weiterentwicklung von Volkskultur und kollektiver Identität verwiesen wurde[1].

Neben der Frage, von wem die Geschichten stammen, interessierte uns vor allem, von wem sie handeln, welche Gestalten und Helden oder aber auch Antihelden kommen vor? Von welchen Lebenswelten und Milieus ist die Rede? Zentraler Gegenstand der Untersuchung waren hier die sogenannten 'Zigeunerbilder', die in den Märchen und Erzählungen angeboten werden und der offenen oder versteckten Weitergabe von Vorurteilen dienen. Damit war vor allem die Frage aufgeworfen, inwieweit es sich bei der Konstruktion der Figur des 'Zigeuners' um Selbstbilder oder aber um Fremdbilder handelt. Der zweite Schwerpunkt der Tagung lag deshalb in der kritischen Sichtung einzelner Textsorten (den Märchen im engeren Sinne, Sagen und Schwänken, Volksliedern und Reimen), in der Herausarbeitung bestimmter leitender Motive und damit der Offenlegung typischer Vorurteilsmuster.

1 Vgl. den Beitrag von Franz Maciejewski in diesem Band: Erzählen, Gedächtnis, Geschichte – Bestätigung und Erweiterung kollektiver Identität

Bevor ich im Unterschied zu diesem textimmanenten Vorgehen auf den Komplex der Vorworte, Verlagsankündigungen und Rezensionen zu sprechen komme, möchte ich einige grundsätzliche Bemerkungen vorausschicken.

Seit 600 Jahren leben Sinti und Roma in Deutschland und in Mitteleuropa. Seit beinahe 600 Jahren gibt es auch schriftliche Äußerungen über uns aus der Sicht der Mehrheit. Sinti und Roma dagegen haben nie Geschichtsschreibung betrieben. Romanes gab es nicht als Schriftsprache, und über Jahrhunderte bestand auch nicht das Bedürfnis, für unsere vielfältigen Romanes-Dialekte eine gemeinsame Schriftsprache zu entwickeln. So kommt es, daß wir nur über vereinzelte Dokumente und historische Quellen verfügen, in denen Erfahrungen unserer Vorfahren in den verschiedenen europäischen Gesellschaften auf Papier festgehalten wurden. Alles, worauf sich also der historisch Fragende beziehen kann, sind Texte von Autoren der Mehrheitsbevölkerung. Unter der Bezeichnung 'Zigeuner' feilt die Mehrheit seit Jahrhunderten in sämtlichen Literaturgattungen, sei es Novelle oder Roman, Gedicht oder Lied, Theater oder Oper, Spruch oder Witz, weiter an einem Typus, der mit unserer Wirklichkeit nicht zusammenzubringen ist.

In der Romantik aber macht dieser Typ nahezu als eine Art Kultfigur regelrecht Karriere. Der 'Zigeuner' wurde mit Hilfe von Oper und Populärwissenschaft, volkstümlicher Malerei und Literatur zu einem festen Bestandteil der abendländischen Kultur mit einer eindeutig bestimmten Rolle. Diese Rolle machten sich manche Roma bzw. Sinti durchaus zu eigen, um in künstlerischen Berufen, d.h. insbesondere als Musiker und Tänzer, aber auch als Erzähler im Volkstheater oder Puppenspiel, das Publikum 'zigeunergerecht' anzusprechen. Denn offensichtlich war der Unterhaltungswert für das öffentliche Publikum umso größer, je mehr die Sinti- und Romakünstler dem Zigeunerklischee auch entsprachen. Für einzelne Familien konnte sich das lohnen; es verschaffte ihnen eine gute Einkommensmöglichkeit. Gleichzeitig jedoch verstellte das Klischee, und zwar sowohl das historisch ältere, negative wie auch das romantisch verklärende die Chance offener Begegnung, verhinderte sogar dauerhaft die Aufnahme unserer Volksgruppe im ökonomischen, kulturellen und sozialen Gefüge der Nation und lieferte darüberhinaus die Begründung für diskriminierende Sondergesetze und Ausgrenzungen aus den bürgerlichen Rechten.

Viele Ethnographen oder 'Zigeunerforscher', insbesondere des 19. Jahrhunderts, waren zugleich Dokumentaristen sogenannter 'Zigeunermärchen'. Das lag damals im Trend eines neuerwachten Interesses an kultureller Selbstbestimmung und Abgrenzung des deutschen Volkes.

Bei den Sammlungen von 'Zigeunermärchen' zeigt sich nun noch ein anderes Interesse. Zunächst entspricht der Bestimmung völkischer Identität auf Seiten der Mehrheit ein fragendes Interesse nach dem unterscheidbar Anderen. Bei vielen Sammlern und Editoren verdichtet sich dies chauvinistisch in dem Bedürfnis nach vollständiger Abgrenzung zu anderen Gruppen und Völkern, die die Tatsache wechselseitiger kultureller Durchdringung negiert. Der Idealisierung des eigenes Volkes, dem Interesse, dieses zum Guten zu erziehen und dadurch zu erhöhen, entspricht schließlich das gegenläufige Motiv der Abwertung, ja sogar das der Dämonisierung anderer Gruppen und Völker. Insbesondere Minderheitengruppen, und unter ihnen vor allem Sinti, Roma und Juden, waren hier billig zu gebrauchen.

Hier ist nicht der Ort, einen umfassenden Überblick über die wichtigsten Sammlungen von Sinti und Roma-Erzählungen und Märchen geschweige denn eine Bewertung ihrer dokumentarischen Qualität zu geben. Die hier angerissenen Überlegungen will ich jedoch u.a. an einer (von Dieter Röth herausgegebenen) Sammlung von 'Zigeunermärchen' aus Ungarn mit dem Titel "Ilona Tausendschön" verdeutlichen.[1a]

Im Klappentext wird dem Leser das Buch "Ilona Tausendschön" dadurch empfohlen, daß die besondere Vertrautheit des Dokumentaristen und Sammlers mit dem von ihm aufgesuchten Roma angesprochen wird. Denn diese Märchen seien ausschließlich ihm erzählt worden. Damit wird er dem Leser als ein 'Eingeweihter' vorgestellt. Dies ist übrigens ein sehr typischer, aber auch ein sehr einfach zu handhabender Qualifikationsnachweis. Mit der Absicht, dem Leser vorweg schon das rechte Verständnis für das Erzählen von Sinti und Roma zu vermitteln, wird dann im Vorwort zu dieser Sammlung von einem ungarischen 'Experten' ausgeführt:

"All dies läßt sich dadurch erklären, daß die Zigeuner als weitgehend traditionsloses Volk nicht durch die Gesetze der europäischen Überlieferung gebunden sind. Einige Traditionen besitzen sie kaum; die Tradition

---

1a D. Röth (Hrsg.): Ilona Tausendschön. Regensburg 1980 (Erich Röth Verlag)

der Wirtsvölker übernehmen sie nicht, die Kultur der europäischen Bauern bewahrt jahrhundertealte Überlieferung, auch im Märchenerzählen, die ihnen nicht erlauben, etwas am herkömmlichen Gang der Geschichten zu ändern, dem Zigeuner bleibt der eigentliche Sinn der traditionellen Märchentypen fremd. So übernimmt er nur das Abenteuerliche, ohne sich um den logischen Verlauf der Ereignisse zu kümmern."[2]

Und an anderer Stelle:

"Dem Mangel an Märchenlogik ist der Mangel an Märchenmoral verwandt. In den ursprünglichen europäischen Märchen muß der Held gewinnen. Seine bösen Gegner müssen ihre Schuld bereuen, die Gerechtigkeit muß siegen. In den Kämpfen darf der Held nur zu gerechten Mitteln greifen, die Sittenwelt der Zigeunermärchen erlaubt auch andere Lösungen."[3]

Selbst noch die Zusammenstellung von Roma-Märchen in dem Buch "Ilona Tausendschön" ist ein untersuchenswertes Beispiel, wie Erzählungen einer Romagruppe instrumentalisiert werden können, um sich unter dem Deckmantel der Besonderheit und Originalität unserer Menschen zu achten, die historisch längst zementierte Fremdsicht quasi im Originalton durch Angehörige der Minderheit selbst bestätigen zu lassen.

Der Anspruch auf sinn- und, soweit möglich, sogar wortgetreue Dokumentation und Aufzeichnung ist wissenschaftlich gesehen durchaus korrekt. Was dann aber mit solch einem Material geschieht, ist nicht automatisch auch korrekt. Denn der beabsichtigte Nachweis von 'Fremdheit', 'Exotik' oder 'Urtümlichkeit' und 'Originalität' könnte hier die Feder beim Zusammenstellen und Redigieren der Erzählung geführt haben. Diese Märchen wirken auch im Vergleich zu anderen Sammlungen sprachlich besonders holprig, in der Verfolgung und Erzählhandlung inkonsequent und unlogisch, dabei in der erzählerischen Spontanität zwar durchaus schöpferisch, aber auch sehr willkürlich und zufällig. Zwar gewinnt man den Eindruck, daß bei diesen Leuten Offensichtlich gerne und phantasievoll erzählt wurde, doch spürt man, daß die Erzähler einfache Menschen sind. Dies qualifiziert sie allerdings in den Augen der Mehrheit gerade zu echten 'Zigeunern' und bestätigt beim Leser zugleich das Gefühl kultureller Überlegenheit.

---

2 Ebd., S. 9
3 Ebd., S. 14

Die erläuternde Einführung und die Anmerkung im Stil volkskundlicher Märchenforschung kennzeichnen die unter dem Titel "Ilona Tausendschön" veröffentlichten Erzählung zudem gerade nicht als individuelle bzw. von der Sozialgeschichte dieser Gruppe geprägte Erzählweise. Eine korrekte Beschreibung der Erzählsituation dieser durch die Sammlung öffentlich herausgestellten Romagruppe fehlt, ebenso eine Offenlegung oder gar kritische Reflexion des eigenen Interesses oder soziokulturellen Standortes. Solche Informationen aber können das Verständnis der hier zusammengestellten Märchen und Schwänke auf Seiten des Lesers tatsächlich unterstützen und böten die Chance, sowohl den Erzählern als auch der Minderheit als Ganzes durch Differenzierung Raum zu geben.

Indem die hier zusammengestellten Märchen als besonders beispielhaft gekennzeichnet sind und durch volkskundliche, d.h. auch das gesamte Volk der Sinti und Roma bezogene Aussagen als 'zigeunertypisch' qualifiziert werden, wird mit diesem Buch sehr lebhaft und ganz aktuell der klassische Zigeunermythos auf einer psychischen Ebene angesprochen, an die wir mit all unseren Aufklärungsbemühungen nur schwer herankommen können.

Im folgenden möchte ich die Sammlung 'Zigeunermärchen', herausgegeben von Walther Aichele und Martin Block beim DietrichVerlag 1989 und die Neuauflage 1993 bei Rowohlt, die ohne Revision der Nachworte erschienen ist, untersuchen[4]. Diese Sammlung enthält 73 sogenannte 'Zigeunermärchen'. Der laufende Text besitzt einen Fußnotenapparat, vermutlich von den Herausgebern Aichele/Block erarbeitet. Im Anhang findet sich ein Nachwort von Walter Aichele aus dem Jahre 1925, des weiteren ein Nachwort zu den Märchen der 'Zigeuner' Südosteuropas von Martin Block, datiert vom 12. August 1962 sowie ein Anhang von Walter Aichele, laut Erstausgabe mit dem Datum 1. Oktober 1925 sowie Quellennachweise und Anmerkungen, zusammengestellt von Landesgerichtspräsident Johannes Ibsen, Hamburg, letztere von 1925. Im folgenden soll versucht werden, nachzuvollziehen, welches Bild des 'Zigeuners' die Texte dieser Sammlung dem Leser bieten. Es soll dabei nicht unberücksichtigt bleiben, daß ein Mitglied der Mehrheitsbevölkerung notgedrungen einem anderen Rezeptionshinter-

4 Walther Aichele/Martin Block (Hrsg.): Zigeunermärchen. München 1989 (Diederich Verlag)

grund unterliegt, als es sich vermutlich für einen Angehörigen der Volksgruppe der Sinti und Roma ergäbe. Die Fragestellung ist spezifisch: Was erfährt ein Leser der Mehrheitsbevölkerung aus diesen Texten? Was liest er möglicherweise aus ihnen heraus oder in sie hinein?

Der Titel 'Zigeunermärchen' suggeriert, daß zum einen die Märchen nicht nur von 'Zigeunern' stammen, sondern auch von 'Zigeunern' handeln. Letzteres wäre dann nicht zu bezweifeln, wenn die handelnden Personen ausschließlich mit ihren Funktionen (als König, Fee, Hexe, Dieb etc.) bezeichnet wären. In diesem Fall könnte man eine allgemeine Zugehörigkeit unterstellen, ebenso, wenn sich für das gesamte Personal des Märchens eine pauschale unspezifische Benennung 'Zigeuner' erwiese. Beide Erwartungen bestätigen sich nicht. Die Texte leisten sowohl im Ganzen der Sammlung sowie einzeln in sich eine spezifische Bestimmung 'Zigeuner', und diese singulär. Textimmanent kann folglich nicht von vornherein davon ausgegangen werden, daß auf alle weiteren Textobjekte diese Benennung ebenfalls zutreffend ist. Man wird zudem vermuten dürfen, daß sich die Aufmerksamkeit des Lesers der 'Zigeunermärchen' erhöht, wenn bezeichnenderweise 'Zigeuner' auftreten. Daß ein Assoziationsprozeß nicht nur über eine Bezeichnung, sondern auch über eine Handlung in Gang gesetzt werden kann, ist damit noch nicht berücksichtigt. Vordringlich sind die Textstellen zu befragen, die Märchenpersonen explizit als 'Zigeuner' ausweisen und damit dem Leser zunächst einmal nicht mehr offen lassen, um wen es sich handelt. Nur in 15 der 73 Märchen der Sammlung 'Zigeunermärchen' findet die Benennung einer handelnden Person als 'Zigeuner' überhaupt Verwendung.

Differenziert man hier hinsichtlich der Gewichtung, so tritt der 'Zigeuner' in einem Märchen nur als Objekt und in dreien lediglich als Nebenfigur in Erscheinung, so daß 11 Märchen verbleiben, in denen 'Zigeuner' als Hauptfiguren der Handlung ausgewiesen sind.

Nun zu den erwähnten Nachworten. Aicheles Nachwort beginnt mit den Sätzen:

"Seit mehr als einem halben Jahrtausend zieht rastlos durch die Länder Europas der braune Sohn Indiens, von den guten Bürgern verabscheut und gemieden. Nur durch äußere Verhältnisse gezwungen, geht er allmählich zur Seßhaftigkeit über. Aber auch dann noch lebt er, mißtrauisch gegenüber seiner Umgebung, als Fremder unter dem jeweiligen Wirtsvolk. Es fehlt ihm das Verständnis für die ihm wesensfremde Kultur. Das Wunderbare, das uns in den Märchen begegnet, steht für den 'Zigeuner' wie für den Inder überhaupt immer noch im Bereich des Möglichen, denn er selbst lebt noch heute in dem alten Zauberglauben. Bei der Übertragung der Märchen kam es uns darauf an, den Text nicht sklavisch zu übersetzen, sondern vor allem dem Sinne Rechnung zu tragen."[5]

Hier ist tatsächlich kein Klischee ausgespart worden: Nomadentum, mangelnde Seßhaftigkeit, magisches Denken, kulturelle Rückständigkeit. Man ist versucht, die Gegenfrage zu stellen: Wem fehlt es hier am Verständnis für die Kultur des Anderen? Wem reicht eine nur sinngemäße Übersetzung der Originaltexte?

Jede seriöse Publikation dieser Texte hätte merken müssen, daß hier mit der Klassifizierung 'Zigeunermärchen' Schindluder getrieben wird, daß die Authentizität der Quellen nicht gewährleistet ist, daß zudem die Sinti und Roma, die lebenden wie die toten, beleidigt werden. Oder wie anders soll man als Angehöriger einer verfolgten, heute noch immer bedrohten Minderheit auf die Sätze von Martin Block, dem zweiten Herausgeber der 'Zigeunermärchen', reagieren, wenn es dort heißt:

"Der Zigeuner weiß sich dem Wirtsvolk gegenüber sozial unterlegen. In seiner Ohnmacht läßt er mit Gleichmut alles über sich ergehen, selbst in den Konzentrationslagern bewahrt er Frohsinn, Tanz und Scherz."[6]

Angesichts solcher Ungeheuerlichkeiten ist es unmittelbar einleuchtend, wie wichtig es ist, der Beschäftigung mit der Erzählkultur der Sinti und Roma jeden Anschein von politischer Unschuld zu nehmen. Gerade weil das beispiellose Vernichtungsprogramm der Nationalsozialisten unmittelbar auf die Erzähltradition von Sinti und Roma eingewirkt hat, muß hier jeder historischen Verdrehung entschieden entgegengetreten werden. Das gilt insbesondere in einer Zeit, wo die Vertreter der sogenannten 'Auschwitz-Lüge' ungeniert ihr Haupt erheben.

Ich möchte zwei weitere Textpassagen vortragen. Sie sollen belegen, daß es sich bei den zitierten Nachworten von Aichele und Block keineswegs um Ausrutscher handelt.

Im Nachwort zu den 'Zigeunerliedern'[7] lesen wir nach einer schwülstigen Hymne auf die 'Zigeunerpoesie':

5 Ebd., S. 341
6 Ebd., S. 349 f.
7 Zigeunerlieder. Leipzig (1966). Reclam

"Ungeschrieben ist die Geschichte des braunen Odysseus, einer Irrfahrt ohne Ende. Er wird nie zur Ruhe kommen, denn er hat keine Heimat. Für ihn gibt es keine Rückkehr. Es ist die Odyssee eines kastanienbraunen Wanderers, der es lernte, über alle zu lachen, der sich mit der Fidel durchschlug, Pferde stahl, der Schmied wurde, Kesselflicker, Zeltzigeuner, die Hand zum Betteln ausstreckte, dem Fremden ein Bein stellte und, wenn er trunken war oder eifersüchtig, kurzerhand zum Messer griff."[8]

Dies ist keine romantische Verklärung, die ein wenig über die Stränge schlägt. Dies ist, sagen wir es offen, Kitsch - Kitsch der schlimmsten Sorte. Hier wird das Leben der Sinti und Roma auf trivialste Art und Weise zur Seifenoper umgemodelt. Es versteht sich von selbst, daß dadurch jeder Zugang zu unserer Volkskultur verstellt wird. Was ist dann aber der Sinn solcher Zeilen? Warum fallen sie nicht der kritischen Prüfung durch den Verlag bzw. das Lektorat zum Opfer? Sollte es immer noch so sein, daß sich 'Zigeunermärchen', 'Zigeunerpoesie' nur in Watte verpackt, also in verstellter und verzerrter Gestalt einem auf billige Unterhaltung erpichtem Publikum verkaufen läßt?

Daß es auch anders geht, dafür ist das Nachwort von Erika und Reimar Gilsenbach in "Janitschek im Märchenschloß" ein Beispiel.[9]

Ausgegangen wird von einer Gesprächssituation in Romanes.

"Richtet ein Rom die Anrede an seine Zuhörer, so zündet sie. Tschunen Romale, bari latschi paramisi!" rufen die einen. "Atschen." die anderen. Das heißt: "Hört zu, Rom, ein sehr schönes Märchen! Seid still!" Und alle wissen, der Erzähler trägt ein Märchen in Romanes vor."

Hier finden wir die Haltung des Zuhörers, die auf Verständigung zielt und gegenseitigen Respekt zur Voraussetzung hat.

"Wer ihre Märchen liest, wird die Rom besser verstehen. Ein Gebot der Achtung sollte es sein, sie nicht mehr 'Zigeuner' zu nennen."

So sensibilisiert fällt das Gebäude der Vorurteile in sich zusammen wie ein Kartenhaus.

"Wo sie (Sinti und Roma) ein wenig Duldung fanden, sind sie seßhaft geworden. Sie verdienen ihr Brot als Schmiede, Musikanten und Tagelöhner. In manchen Ländern, die von den Faschisten besetzt waren, hat

---

8 Ebd., S. 70

9 Janitschek im Räuberschloß. Märchen slowakischer Roma, gesammelt von M. Hübschmannova, nacherzählt von E. und R. Gilsenbach. Berlin (1983, Kinderbuch Verlag

kaum ein Rom überlebt. Die Märchenerzähler auch dieses Buches verdanken ihr Leben der Befreiung des Landes durch die Sowjetarmee und dem antifaschistischen Kampf der Partisanen. Viele Roma sind nach dem Krieg in bessere Wohnungen gezogen, andere haben sich Häuser gebaut, viele haben einen Beruf erlernt, manche sind sogar Lehrer geworden."

Wer so gegen den Strom der gängigen Klischees in das Thema einführt, bei dem kommt die Moral so mancher Geschichte mit dem Interesse an einer Verbesserung der Situation von Minorität und Majorität zur Deckung.

"Am Ende einiger Märchen steht als ein Wunschtraum eine Hoffnung, die Versöhnung."

Von wohltuender Sachlichkeit und kritischer Reflektion zeichnet sich auch die Besprechung von Katalin Horn aus. Gegenstand der Rezension sind die Ausgaben 5 und 6 der ungarischen Zigeunerstudien. Es heißt dort:[10]

"Man darf vielleicht die von der ethnographischen Forschungsgruppe der ungarischen Akademie der Wissenschaft seit 1984 herausgegebenen "Hungarian Gypsies Studies" als einen Schritt gegen Nationallastigkeit auffassen. Auf die umstrittene Frage, ob die Roma eine eigene Tradition besitzen oder die Erzählung des Gastlandes übernehmen, wird nicht eingegangen. Bei allen typologischen Entsprechungen seiner Märchen mit ungarischen Märchen werden bei Rostas die außergewöhnliche Lebendigkeit und Anschaulichkeit seiner Erzählkunst und der Reichtum an metasprachlichen Mitteilungen betont."

Hier wird nüchtern am Beispiel des ungarischen Erzählers Mihaly Rostas angemahnt, daß die Fragen der kulturellen Eigenständigkeit bzw. der interkulturellen Wechselwirkung unter Roma und Magyaren nur gestreift wurden, zugleich aber das Besondere der Roma-Erzählkunst zu seinem Recht verholfen.

Die Ausgabe der "Zigeunermärchen aus aller Welt", herausgegeben von Heinz Node unter Mitarbeit von Milena Hübschmannova[11] darf des weiteren als Beispiel einer gelungen Edierung hervorgehoben werden. Gelungen, weil sie beides, Respekt vor einer immer noch verfolgten

---

10 Siehe Fabula 31 (1990): 143

11 Wiesbaden (o.J.). Drei Lilien Verlag

Minderheit und Berücksichtigung des aktuellen Standes der Forschung gleichermaßen mitbedenkt. Auf dem Klappentext der erwähnten 4. Sammlung steht zu lesen:

"In welchem Maße die sogenannten 'Zigeuner', die sich in der Mehrzahl selbst Rom nennen, eine eigenständige und originelle Kultur hervorgebracht haben, belegen auf höchst einprägsame Weise ihre Märchen. Bei der Auswahl ließen sich die Herausgeber davon leiten, im wesentlichen nur jene Märchen aufzunehmen, die in Romanes, der Sprache der Rom, aufgezeichnet oder aber innerhalb der Rom-Gruppe, die auch die Sprache der Wirtsvölker zu nutzen wußten, erzählt wurden."

Ich möchte im unmittelbaren Anschluß eine Passage aus dem Klappentext der 'Zigeunermärchen' des Insel Verlages[12] vorlesen. Zur Information: Diese Ausgabe ist textidentisch mit der ersten Sammlung der "Zigeunermärchen aus aller Welt"[13]

"Die Ungarn, Rumänien, der Tschechoslowakei, in Jugoslawien, in der Türkei, in Italien, Belgien, England, Schweden oder in der Sowjetunion von Rom erzählten Geschichten sind eigenständige, reizvolle Varianten zum morgen- und abendländischen Märchen. Buntgemischt und phantasievoll abgewandelt sind in ihnen die Märchenmotive der Inder und aller Völker, bei denen die Rom auf ihren Wanderwegen einst verweilten."

Es mag spitzfindig klingen, aber es macht eben doch einen Unterschied, ob da die Rede ist von "einer eigenständigen und originellen Kultur" (Ausgabe des Drei-Lilien-Verlages), die hervorgebracht wurde oder von einer "eigenständigen, reizvollen Variante" (Ausgabe des Insel-Verlages), die Anderes phantasievoll abgewandelt hat. Es kommt manchmal auf den Zungenschlag an, die feinen Unterschiede. Sie wiegen umso schwerer, weil wir es uns angesichts der mühevollen Aufgabe, die Hypothek der jahrhundertealten Verfolgungsgeschichte abzutragen, nicht leisten können, neue Schuld auf uns zu laden und sei sie noch so gering.

Daß dies eine gemeinsame Aufgabe ist und sein muß, daß es nicht darum geht, Schuld zuzuweisen, davon bin ich fest überzeugt. Darum diese Tagung. Darum auch die gemeinsame Podiumsrunde, die das Thema vertiefen soll.

---

12 Frankfurt am Main-Leipzig (1991)

13 1. bis 4. Sammlung, erschienen im Insel-Verlag Leipzig (1983-1985) Insel Verlag

"Wie überwinden wir den Antiziganismus in der Literatur?"

(Abschließende Podiumsdiskussion)

Teilnehmer: Kristin Bamberg, Dr. Vera Hauschild, Prof. Dr. Wilhelm Solms, Daniel Strauß, Dr. Ines Köhler-Zülch

Leitung: Andreas Freudenberg

Freudenberg: Ich bin froh, daß wir unter uns zwei Lektorinnen begrüßen dürfen, die mit Märcheneditionen befaßt sind: einmal Frau Dr. Vera Hauschild vom Insel Verlag sowie Frau Kristin Bamberg vom Eugen Diederichs Verlag.

Die Tagung hat zahlreiche Anhaltspunkte dafür geliefert, daß wir vor der Aufgabe stehen, die Märcheneditionen aus der historischen Perspektive kritisch zu bearbeiten und andere Editionen hervorzubringen, als wir sie derzeit auf dem Markt haben. Daniel Strauß hat zum Schluß noch einmal auf einige schlimme Beispiele hingewiesen und diese Beispiele werden einfach weitergegeben; damit wird seitens der Verlage Geld verdient. Das letzte Beispiel ist die Übernahme der Ausgabe vom Eugen Diedrichs Verlag durch den Rowohlt Verlag in Taschenbuchform. Wir waren damals noch nicht so weit, den Rowohlt-Verlag zu konfrontieren, als wir die erste Tagung zu diesem Thema organisiert haben.

Wir sind heute mit der Tatsache konfrontiert, daß diese Ausgaben auf dem Markt sind und verkauft werden. Ich möchte Sie jetzt als erstes um eine erste Reaktion bitten als Einstieg in unsere Podiumsdiskussion.

Bamberg: Dazu kann ich sagen, daß der Band bei uns noch lieferbar ist, aber nur noch eine geringe Stückzahl auf Lager ist und wir unabhängig von dieser Tagung schon beschlossen hatten, daß der Band in dieser Form nicht wieder aufgelegt wird. Ich kann auch für Rowohlt sprechen, dort wird der Band nicht in dieser Form neu aufgelegt.

Freudenberg: Der Insel Verlag hat in Zusammenarbeit mit Herrn Prof. Mode und Frau Hübschmannova eine andere Edition besorgt, die bei den beteiligten Experten auch besser weggekommen ist. Trotzdem stellt sich auch hier die Frage, wie an diesen Märcheneditionen weitergearbeitet wird, denn auch da wurden Märchen aufgenommen, nur in der

Rohfassung des Erzählstoffes von denjenigen, die die Aufzeichnungen und Editionen besorgt haben. Auch hier muß kritisch durchleuchtet werden. Gibt es dazu in den Verlagen eine kontinuierliche Arbeit?

Hauschild: Ich muß dazu ein wenig ausholen. Die Frage nach der Kontinuität kann man nicht losgelöst sehen von den Zusammenhängen zwischen dem Insel Verlag in Frankfurt und dem in Leipzig. Zu Anfang möchte ich aber gern etwas korrigieren: In dem Vortrag von Herrn Strauß sah es so aus, als wäre die vierbändige Ausgabe von Heinz Mode und Milena Hübschmannova eine Ausgabe des Drei-LilienVerlages, das ist sie keineswegs. Es ist eine Ausgabe des Insel Verlages in Leipzig. Sie ist dort erarbeitet worden. Wir haben mit Heinz Mode zusammengearbeitet; die Kommentare sind sorgfältig in unserem Hause geprüft worden. Für den Drei-Lilien-Verlag wurde lediglich ein Mitdruck gemacht, so, wie dies vor der 'Wende' üblich war zwischen Ost- und Westverlagen. Die Westverlage haben sehr gerne die gut besetzten Lektorate in den heutigen neuen Bundesländern genutzt und haben die mit größter Sorgfalt erarbeiteten Ausgaben sehr gern übernommen.

Der Insel Verlag ist in Leipzig seit 1899 bzw. 1900 ansässig. Zu Zeiten der DDR ist er als ein Privatverlag dort weitergeführt worden, parallel dazu zunächst in Wiesbaden und dann in Frankfurt am Main. Seit den 60er Jahren gehört der Verlag zum Suhrkamp-Haus. Trotzdem, aufgrund der nicht klärbaren Eigentumsverhältnisse zur Zeit der DDR, konnte der Insel Verlag in Leipzig weiterexistieren, überwiegend orientiert an dem alten Programm des Insel Verlages, also auf klassische Literatur und auch auf Märchen spezialisiert. In diesem Zusammenhang zu sehen ist die große Märchenedition "Märchen der Welt", in denen auch die vier Bände 'Zigeunermärchen' erschienen sind. Nach der Wende sind die Eigentumsverhältnisse dann bereinigt worden, der Insel Verlag in Leipzig wurde geschlossen und eine Niederlassung des Insel Verlages Frankfurt eröffnet. Diese Niederlassung arbeitet nicht eigenständig, sondern unter der Leitung des Hauses in Frankfurt.

Zur Kontinuität gehört, daß sowohl der Verlag in Frankfurt als auch der in Leipzig Märcheneditionen herausgegeben hat, und aus diesem Fundus heraus hat man gemeinsam abermals eine Reihen "Märchen der Welt" neu begründet. Sie wird gespeist aus Editionen, die wir in Leipzig gemacht haben, aus solchen, die in Frankfurt gemacht wurden und aus solchen, die wir jetzt gemeinsam entwickeln.

Diese einbändige Ausgabe der 'Zigeunermärchen', über die wir hier sprechen, gehört zum Fundus Leipzig, es ist der erste Band dieser Sammlung, mehr sollte in dieser neuen Reihe nicht erscheinen, um nicht ein falsches Übergewicht zu anderen Märchenbänden erscheinen zu lassen. Das ist der alleinige Grund, weshalb wir nur einen Band neu herausgebracht haben.

Freudenberg: Es sind ja nur zwei Verlage auf dem Podium vertreten, angesprochen waren während unserer Tagung auch andere Verlage, darunter der Röth Verlag, wo "Ilona Tausendschön", eine ausgesprochen problematische Edition, herausgekommen ist. Insofern wird man hier im Gespräch bleiben müssen, auch mit anderen Verlagen. Ich denke, die Aufgabe kann nur gemeinsam wahrgenommen werden zwischen den Verlagen einerseits und den damit befaßten Wissenschaftlern andererseits. Der Anstoß zu dem ganzen Thema, und das müssen wir uns deutlich bewußt machen, ist von Angehörigen der Minderheit selbst gekommen. Es war ihre Einrichtung, die diese Diskussion begonnen hat und auch die Zusammenarbeit mit Fachleuten und der Europäischen Märchengesellschaft gesucht hat.

Strauß: Es geht für mich nicht um Wünsche, es geht darum, mit der Minderheit, die den Holocaust erlebt und überlebt hat, respektvoll sowie wissenschaftlichhistorisch korrekt zu argumentieren, das Thema aufzuarbeiten. Ich denke, das, was wir hier auf der Tagung an bestürzenden Informationen vernommen haben, ist nicht denkbar, wenn antisemitische Märchen oder antisemitische Literatur durch die einzelnen Lektorate der Verlage gehen. Warum gibt es dies nach 1945 bei Sinti und Roma noch immer und wie kann man dem heute widerstehen? Welche Vorkehrungen werden getroffen in Neuauflagen oder Wiederauflagen, daß diese antiziganistischen Züge, die ganz klar zu erkennen sind, nicht weiter reproduziert werden?

Das ist kein Wunsch, sondern es muß eine ganz klare Forderung sein; es ist eine Sache, die eigentlich ganz selbstverständlich sein sollte.

Solms: Es ist nie meine Rolle gewesen, pro DDR zu sprechen, aber in diesem Falle muß man feststellen, die Ausgabe, die vertretbar ist, ist die vierbändige Ausgabe vom Insel Verlag Leipzig und die Ausgabe "Janitschek im Räuberschloß" vom Kinderbuch-Verlag in Berlin-Ost; sie ist vergriffen, aber es wäre schön, wenn wir einen Verleger finden würden für diese äußerst gelungene Ausgabe. Was die Bundesrepublik betrifft, so muß man sagen, daß das, was Daniel Strauß gesagt hat, für alle Verlage gilt, die einen wissenschaftlichen Anspruch haben. Der Band "Ungarische Zigeunermärchen" im FischerVerlag ist vergriffen; er ist zu beanstanden. Es gibt einen Vorspann, eine Rahmengeschichte, in die diese Nagelschmiedmärchen eingebettet sind, und diese Rahmengeschichte übertrifft alles an negativen Klischees. Diese westdeutschen Ausgaben sind von Anfang bis Ende entsetzlich. Man braucht nur den Band 1 der Insel-Ausgabe von Leipzig, der jetzt nachgedruckt worden ist, zu vergleichen mit dem Insel Verlag Frankfurt 1991. Es fängt schon an mit dem Titelbild und mit dem Titel 'Zigeunermärchen'. Das Titelbild ist von einem slowakischen Rom-Künstler, ein neutrales Bild von ihm. Dann wurde das hervorragende Vorwort von Frau Hübschmannova einfach weggelassen. Was den Röth Verlag betrifft, wurde er übernommen von Herrn Kaiser in Regensburg; dieser fühlt sich nicht zuständig für diesen Band. In Konsequenz dazu sollte die Märchengesellschaft, die zusammenarbeitet mit dem Verlag, von Herrn Kaiser fordern, daß, wenn er sich nicht zuständig fühlt, er diesen Band aus dem Verkehr ziehen soll. Bei dem Band "Ilona Tausendschön" ist zu ergänzen, daß, neben diesem schlimmen Vorwort, auch die Anmerkung, die Dieter Röth geschrieben hat, sehr problematisch ist. Ein Beispiel will ich Ihnen vorlesen:

Zigeuner haben keine eigene Kultur, sondern sind immer Schmarotzer von der Kultur der Gastvölker, hier der Ungarn, gewesen. Märchen Nr. 16, ein ungarisches Märchen: "Von diesem Typ ist eine einzige ungarische Variante bekannt." Zum nächsten Märchen schreibt er: "Eine ungarische Variante des Märchens ist nicht bekannt; dennoch hat es den Anschein, als verwendete der Zigeunererzähler eine ungarische Quelle."

Es ist so leicht, etwas zu ändern, z. B. für den Wissenschaftler. Er kann zu den Anmerkungen Stellung nehmen.

Köhler-Zülch: Ich möchte, bevor ich auf die Bedeutung solcher Symposien eingehe, drei Punkte aufgreifen: Zum einen, die älteren Märchenausgaben zeigen ohne Frage einen überholten Forschungsstand. Ein Beispiel sind auch Äußerungen im Vorwort des MdW-Bandes von Aichele und Block, die suggerieren, daß Sinti um 1920 keine Märchen mehr erzählen. Es war Walter Aichele, der schrieb, er habe kein einziges Märchen von alteingesessenen Zigeunern erhalten. Aber über etwa die gleiche Zeit gibt es interessanterweise aus Großbritannien Berichte über eine Gruppe deutscher Sinti, die dort als Pferdehändler reisten und die begeistert Märchen erzählten. Dort gingen die Forscher offensichtlich anders vor. Ihnen gelang es, sogar von einer nur kurz verweilenden Sinti-Gruppe Aufzeichnungen zu machen. Übrigens war es auch dort nicht einfach. Der Aufzeichner, das war John Sampson, berichtet: Es wird ein Märchen erzählt, und es kommt zu einer ersten Störung, denn die Polizei stürmt das Lager, alle sind unruhig, schließlich wird das Märchen doch noch zu Ende erzählt, ehe die ganze Gruppe über die Kreisgrenze abgeschoben wird. Aber der britische Feldforscher ließ sich zusammen mit den Sinti von der britischen Polizei abführen.

Hinsichtlich des zweiten Punktes, den ich ansprechen möchte, gehe ich auf eine Bemerkung von Herrn Strauß zurück. Er hatte sich auf einen Klappentext bezogen und hatte unter anderem auch kritisch die Textcharakterisierung angeführt, es handele sich um äußerst phantasiereiche Varianten. Dagegen ist eigentlich nichts einzuwenden, es ist wissenschaftlich gesehen und auch in der Umgangssprache keine diskriminierende Äußerung. Im Kontext allerdings der weitverbreiteten These, die Zigeuner hätten keine eigenen Märchen, sie übernehmen alles von den Wirtsvölkern und erzählen obendrein noch abweichend und unlogisch, hat Herr Strauß recht. Auch andere Völker verfügen nicht über 'eigene' Märchen - Märchen sind grenzüberschreitend -, doch bei deutschen oder französischen Märchen würde die Charakterisierung phantasiereiche Varianten nicht zu Gedanken führen wie Entlehnung, ausschmückende Übernahme fremder Märchen usw. Die Verlage müssen also auch bei Klappentexten für populärwissenschaftliche Sinti/Roma-Märchenbücher sensibel verfahren und die Möglichkeit falscher Assoziationen bei Lesern und Käufern einkalkulieren.

Als dritten Punkt möchte ich auf die auch im Zusammenhang mit Märchen geäußerte Behauptung zu sprechen kommen, daß 'Zigeuner' nicht fähig seien, die Werte der anderen Kulturnationen zu verstehen. Die Spieler der gestrigen Marionettentheateraufführung waren Sinti, ein Familienbetrieb schon in der dritten Generation. Über Sinti als Puppenspieler lassen sich auch in älterer Literatur Beispiele finden. Das heißt also, auch deutsche Sinti waren Vermittler von deutschem Kultur- und Traditionsgut. Denn hätten sie unverständlich gespielt, hätten sie keine Zuschauer gehabt und hätten auch einfach nichts verdient.

Zur Bedeutung dieser Tagung: Noch einmal möchte ich auf den Band der Reihe Märchen der Weltliteratur zurückkommen, an ihm als Beispiel kann man sehen, wie wichtig solcherart Tagungen für Informationsaustausch und Handlungsanstöße sind. Auf der dieser vorangegangenen Tagung hatten wir die Problematik dieses Bandes andiskutiert. Ich wurde später gefragt, ob ich eine Neuauflage betreuen wollte und lehnte ab, wenn es nur um ein neues Nachwort ging und die Texte und Anmerkungen in alter Form bleiben sollten. Die gesamte Ausgabe neu zu gestalten, dazu war der Verlag nicht bereit. Übrigens stellt sich hier allgemein die Frage, wie verfährt man mit diesen vom Forschungsstand überholten Ausgaben? Läßt man sie unverändert und eines Tages erscheinen Reprints? Oder sind doch neue Vor- bzw. Nachworte, die Klischees korrigieren, zu schreiben, ähnlich, wie es für afrikanische Märchenausgaben praktiziert wurde? Ich hatte mich negativ entschieden. Die Folge konnte sein, daß der Verlag eben einen anderen Herausgeber fand. Wahrscheinlich hat auch die vorwiegend textimmanente Untersuchung des Bandes von Stephan Renner in der Folge unserer damaligen Diskussion entscheidend bei dem Entschluß des Verlages mitgewirkt, von einer Neuauflage abzusehen.

Bamberg: Nicht nur die beiden Nachworte haben uns veranlaßt, sondern auch die Texte, die nochmals gründlich geprüft wurden anhand des Aufsatzes, den Herr Renner auch im letzten Kongreßheft veröffentlicht hat.

Freudenberg: Ich möchte nochmal einige Stichworte aufgreifen, die mir wichtig sind für die weitere Diskussion. Die Frage von Daniel Strauß, welche Vorkehrungen bei den Verlagen getroffen werden, daß sich diese Fehler nicht wiederholen. Wie weit sind Verlage bereit, darüber auch mit kompetenten Vertretern der Minderheit den Dialog zu führen? Die ganz wichtige Frage auch, was macht man mit den historischen Ausgaben, wie gehen wir mit dem Material um, so wie es jetzt in den Bibliotheken steht? An dieser Stelle will ich nochmals erinnern an die Frage, wie weit das Zigeunerklischee bei uns immer wieder bedient werden will, weil das einen bestimmten Unterhaltungswert hat.

Hauschild: Ich würde gern unabhängig von dem, was hier an einzelnen Mängeln angesprochen wurde, etwas sagen, was mir diese Tagung wieder deutlich gemacht hat. In der öffentlichen Diskussion über unseren Umgang, speziell den Umgang der Deutschen mit 'Fremden', spielt das Thema, das Sie hier so bewegt hat, ganz genauso mit hinein. Mir ist heute wieder über den ersten Vortrag deutlich geworden: Wenn wir auf allen Ebenen, die wir haben, nicht das Bewußtsein schärfen, daß wir nur über die Gewißheit unserer eigenen Identität und der Akzeptanz vor der Identität des Anderen, vor dem, was man respektvollen Umgang miteinander nennt, wenn wir das nicht in alle Gremien, in alle Ebenen als Grundvoraussetzung hineinbringen, dann wird es immer wieder Editionen geben, die hier heute angeschwärzt worden sind. Das ist für mich die Voraussetzung: zu sehen, daß der andere wirklich ein anderer ist, und zu versuchen, ihn zu erkennen als den anderen und nach seinen Maßstäben zu messen und nicht nach irgendwelchen fiktiven Maßstäben, die ich von meinen Normen her, die ich mir gesetzt habe, ableiten. Vielleicht wirkt das ein bißchen ausweichend, aber man kommt nicht anders damit zurecht. Das kann sicherlich auch nur das sein, was man in ein Lektorat mit hineinnimmt für seine Arbeit.

Zu den ganz konkreten Dingen, die Herr Prof. Solms genannt hat: Wir haben hier in Leipzig sehr dafür plädiert, daß man von den alten Bänden eines der Umschlagmotive für den Schutzumschlag hinausnimmt, die Umschlagmotive paßten aber stilistisch nicht zu den übrigen Einbänden, die durchweg historische Märchenillustrationen zur Vorlage hatte. Für diesen Band standen sie uns nicht zur Verfügung. Dieses Motiv aus Siebenbürgen schien uns immer noch am nächsten an eine Eigendarstellung zu kommen und den Sinti in einer für ihn typischen Situation mit der Geige zu zeigen. So ist dieses Umschlagbild zustande gekommen; glücklich waren wir damit überhaupt nicht. Die Seitenzahlen, die stehengeblieben sind und die Sie so sehr bemängeln, sind uns natürlich auch aufgefallen. Für die nächste Nachauflage wird das selbstverständlich geändert werden; der Band ist reprintet worden und es war schwierig, für diesen Reprint überhaupt Korrekturen auszuführen. Die sachlichen Fehler in den Anmerkungen wurden korrigiert, und die verweisenden Seitenzahlen sind dabei leider übersehen worden.

Auf das Nachwort von Frau Hübschmannova ist aus inhaltlichen Gründen nicht verzichtet worden, sondern weil eine einbändige Ausgabe mit den Nachworten für eine vierbändige Ausgabe überfrachtet gewesen wäre. Wir haben auf das Nachwort von Frau Hübschmannova verzichtet, weil Heinz Mode übergreifend zu den Märchen in seinem Nachwort spricht. Das war eine rein pragmatische Entscheidung. Man hätte sicher das Nachwort neu fassen müssen, Heinz Mode war dazu aber nicht mehr in der Lage; er ist vor zwei Jahren gestorben.

Den Klappentext hätte ich selbst nicht als diskriminierend empfunden, bin aber sehr dankbar, daß ich auf dieser Tagung so sensibilisiert wurde, daß ich wohl in der Zukunft viel genauer auf solche Formulierungen achten werde.

Frage aus dem *Publikum:* Ich habe eine Nachfrage zu dem, was Sie zu Frau Hübschmannova gesagt haben. Bedeutet das, daß die Sammlungen Nr. 2, 3 und 4 nicht erscheinen werden?

Hauschild: Ich würde hoffen, daß wir die Sammlung komplett noch einmal machen. Aber das liegt leider nicht in meiner Entscheidung, ich werde es aber nach dieser Tagung in Frankfurt auf jeden Fall wieder vorschlagen.

Köhler-Zülch: Es handelt sich um das Vorwort von Frau Hübschmannova im ersten Band, gleich nach der Einführung von Heinz Mode, und es ist sehr wichtig, daß auch dieses publiziert wird. Sie hatte hier über die Erzähler der abgedruckten Texte, slowakische Roma, Bauarbeiter, berichtet. Mode gibt einen historischen Abriß über Roma allgemein, Hübschmannova geht auf ganz bestimmte Gruppen und konkrete Situationen ein und vermittelt damit authentische Bilder. Auch die Vorträge dieser Tagung über das Erzählen in einer ungarischen Rom-Familie und in einer deutschen Sinti-Familie zeigten, wie wichtig es ist von der lebendigen Vielfalt des Erzählens unter Sinti und Roma etwas zu erfahren, statt generalisierender Aussagen über 'das Zigeunermärchen'. Ich denke, es ist eine Bereicherung für die Leser.

Dann noch einen Tip zur Titelgestaltung: Es gibt in Ungarn unter den Roma einige bekannte Maler. Der Verlag sollte auch bei diesen anfragen. Es sind sehr interessante Künstler. Ich denke, wenn man Bücher über Märchen der Sinti und Roma herausgibt, sollte es eine Selbstverständlichkeit sein, Künstler dieser Volksgruppe einzubeziehen.

Dann noch eine Frage: Kann es sein, daß ich Sie mißverstanden habe? Sollte Ihr allgemeines Plädoyer auch eine Verschiebung auf die Käuferszene sein, als Sie von einer notwendigen Verhaltensänderung auf allen Ebenen sprachen?

Hauschild: Ich weiß nicht, woraus Sie das jetzt herleiten. Der Gedanke ist mir absolut fremd. Ich habe zu sagen versucht, daß die Diskussion heute hier, wo es darum ging, wie gehen wir mit einer bestimmten Volksgruppe um, daß sich dieser Umgang für mich nicht nur auf diese Gruppe beschränkt, sondern er zeigt sich für mich im Umgang mit jedem Fremden. Ich meine damit auch mit jedem deutschen Fremden, der anders ist als ich. Und wenn wir da nicht lernen, zu größerer Toleranz zu gelangen, wenn wir nicht wissen wollen, was ist der Andere, was ist seine Eigenheit, wenn wir dahin nicht gelangen, dann werden wir immer nur punktuell diskutieren und nicht insgesamt. Ich sehe die Aufgabe viel größer.

Strauß: Ich bin froh, daß Sie auf die deutschen Anderen eingegangen sind. Sie haben von mehr Toleranz, mehr Respekt, auch der Anderen, der Fremden geredet. Sie haben es jetzt etwas relativiert und gesagt auch der deutschen Anderen. Das ist die richtige Zielrichtung. Es geht jetzt darum, wie gehe ich als Lektor, als Verleger mit einer Minderheit um. Da sind natürlich ganz besonders neben den Märchen, den Geschichten selbst, auch die Ankündigungen, die Klappentexte wichtig, z.B. die authentische Situation des Erzählens aufzuzeigen, daß es eine spezifische Situation ist, die nicht über eine gesamte Minderheitengruppe geklärt werden kann. Wir wollen uns nicht abgrenzen, wir fühlen uns als Teil der deutschen Nation. Der fremde Deutsche, wer ist das? Der Bayer, der Pfälzer, der Hesse? Sinti und Roma sind keine fremden Deutschen, sondern Teil der deutschen Kultur. Das ist der eine Punkt. Es geht weiterhin darum, wie geht man kollektiv mit der Gruppe um, wenn man solche Märchen auf die gesamte Volksgruppe, solche Bilder projiziert. Das ist eine besondere Verantwortung.

Freudenberg: Mir persönlich genügen allgemeine Appelle nicht. Sie sind wichtig, sie sind Hintergrund, aber irgendwann muß man anfangen, die allgemeinen Appelle umzusetzen, auf konkrete Handlungsebenen zu bringen. Eine Ebene ist die Ebene der Wissenschaft, eine andere Handlungsebene sind Tagungshäuser, überhaupt Kultureinrichtungen hier in der BRD. Wie nehmen sie teil an diesen dringend notwendigen Dialog der Verständigung, einer Veränderung von Wahrnehmung zwischen einer Minderheit, einer Gruppe, die seit 600 Jahren hier in Deutschland lebt, und der Bevölkerungsmehrheit? Da sind mir die Aussagen der beiden Verlagsvertreterinnen zu dünn, wenn sie sagen, sie arbeiten an neuen Editionen. Ich möchte wissen, wie dies vorbereitet wird und wie der Dialog mit der Minderheit geführt wird. Ich halte dies für unverzichtbar. Auch die historische Wissenschaft war nicht in der Lage, den Völkermord an den Sinti und Roma oder den Holocaust an Juden aus sich selbst heraus aufzuarbeiten. Das ging nicht ohne diesen Dialog.

Biographische Notiz

Philomena Franz, Schriftstellerin und Überlebende von Auschwitz, mehrere Publikationen, u.a. "Zwischen Liebe und Haß". Freiburg (Herder), 1985

Andreas Freudenberg, Diplompädagoge, ehemaliger Mitarbeiter im Dokumentations- und Kulturzentrum Deutscher Sinti und Roma, z.Z. Leiter der Werkstatt der Kulturen in Berlin

Ines Köhler-Zülch, Dr. phil., Mitglied des Redaktoren- und Herausgeberteams der Enzyklopädie des Märchens, Handwörterbuch zur historischen und vergleichenden Erzählforschung, Göttingen

Reinhold Lagrene, selbständiger Kaufmann, z.Z. ehrenamtlicher Vorsitzender im Verein zur Förderung von Kunst, Kultur und Handwerk in Albersweiler

Günter Oesterle, Professor für neuere deutsche Literatur an der Universität in Gießen mit Schwerpunkt Literaturgeschichte des 18. und 19. Jahrhunderts

Wilhelm Solms, Prof. für neuere deutsche Literatur und Medien an der Philipps-Universität in Marburg, Vizepräsident der Europäischen Märchengesellschaft (1989-1993), Sprecher des Vorstands der Arbeitsgemeinschaft Literarischer Gesellschaften

Daniel Strauß, Leiter des Referats Dialog im Dokumentations- und Kulturzentrum Deutscher Sinti und Roma, Heidelberg. Herausgeber des Bandes: Die Sinti/Roma-Erzählkunst im Kontext Europäischer Märchenkultur. Heidelberg 1992

Abbildungsnachweis

1. Titelbild: Otto Pankok, Ehra. Pankok-Museum, Haus Esselt, 46569 Hünxe
2. Die Skizzen zur Chintomari-Geschichte stammen von Reinhold Lagrene.

Schriftenreihe des Dokumentations- und Kulturzentrums Deutscher Sinti und Roma

Band 1
Daniel Strauß (Hrsg.):
Die Sinti/Roma-Erzählkunst im Kontext Europäischer Märchenkultur. Heidelberg 1992
Inhalt: Bei den sog. 'Zigeunermärchen' und anderen Erzählungen ist es nicht einfach, zwischen Selbstbildern und Fremdbildern zu unterscheiden. Sie wurden zwar von Sinti und Roma erzählt und tradiert, aber von anderen aufgezeichnet, bearbeitet und ediert. Die Beiträge des Bandes versuchen Licht in diesen komplexen Konstitutions- und Verwertungszusammenhang zu bringen und die Erzählkunst von Sinti und Roma entsprechend zu würdigen.

Band 2
Edgar Bamberger (Hrsg.):
Der Völkermord an den Sinti und Roma in der Gedenkstättenarbeit. Heidelberg 1994
Inhalt: Die Beiträge dieses Bandes versuchen, in Form einer kritischen Bestandsaufnahme vorhandene Defizite aufzuzeigen und Perspektiven zu entwicklen, wie die nationalsozialistische Vernichtungspolitik gegenüber Sinti und Roma künftig in der Gedenkstättenarbeit angemessen integriert werden kann.

Band 4

Annegret Ehmann / Edgar Bamberger (Hrsg.):

Kinder und Jugendliche als Opfer des Holocaust.

Heidelberg 1995

Inhalt: Ein Großteil der Opfer nationalsozialistischer Gewaltverbrechen waren Kinder und Jugendliche. Die Beiträge dieses Bandes zeichnen ihre Leidensgeschichte von anfänglicher Diskriminierung und Ausgrenzung bis hin zur Verschleppung in die Konzentrations- und Vernichtungslager nach, wobei ein besonderer Schwerpunkt auf den Völkermord an Sinti- und Roma-Kindern gelegt wird.

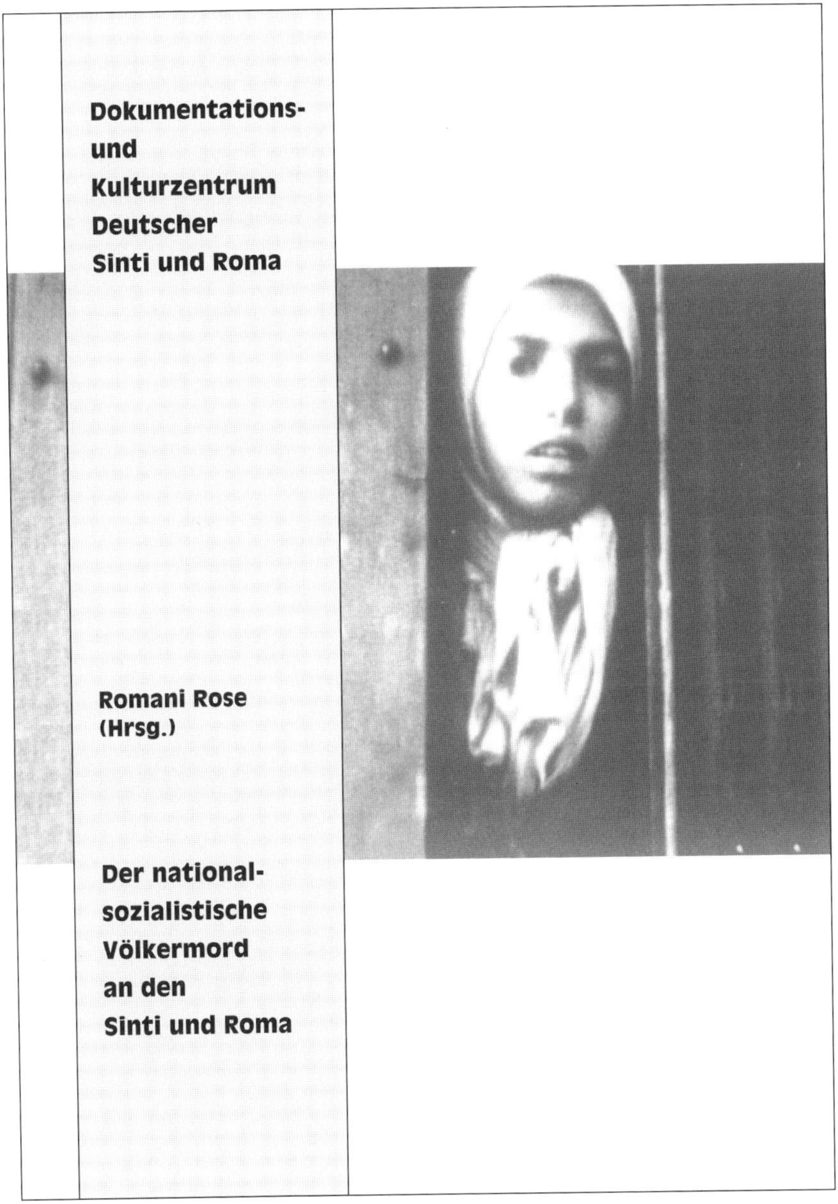

Zu beziehen beim Dokumentations- und Kulturzentrum Deutscher Sinti und Roma, Zwingerstr. 18, 69117 Heidelberg